Nele Haasen

Mut
zu klaren
Worten

Nele Haasen

Mut zu klaren Worten

Wie sich Frauen
in Konfliktgesprächen
behaupten

Kösel

ISBN 3-466-30626-4
© 2003 by Kösel-Verlag GmbH & Co., München
Printed in Germany. Alle Rechte vorbehalten
Druck und Bindung: Kösel, Kempten
Umschlag: 2005 Werbung, München
Umschlagmotiv: imagedirekt

Inhalt

Einleitung

Die meisten Konflikte haben einmal klein angefangen. Für viele gäbe es in der Frühphase gute Klärungschancen – wenn sie nur rechtzeitig genutzt würden. Aber vor bereinigenden Gesprächen, in denen emotional und kontrovers »Klartext« gesprochen wird, schrecken wir oft zurück: Wir wissen nicht, wie wir sie anpacken sollen. Wir suchen die Schuld bei anderen, um die eigene Passivität zu »entschuldigen«. Wir zeigen unseren Missmut durch Mimik und Gesten und erwarten, dass andere daraufhin ihr »störendes« Verhalten ändern. Wir schlucken unsere verletzten Gefühle hinunter, bis wir explodieren und unvermittelt dem angestauten Frust freien Lauf lassen. Oder wir stellen andere ganz einfach vor vollendete Tatsachen, um unsere Interessen durchzusetzen.

Wie sieht es bei Ihnen aus? Wie oft geraten Sie spontan und unbeabsichtigt in Streitereien, weil Ihnen der Kragen platzt? Wie oft vermeiden Sie ein klärendes Gespräch, das längst fällig wäre? Wie oft führen Sie eines aktiv herbei?

Natürlich wissen Sie ebenso gut wie ich: Auseinandersetzungen sind notwendig. Es gibt nun einmal unterschiedliche Ansichten, Überzeugungen, Wünsche und die prallen immer wieder aufeinander. Niemand kann permanent mit seiner Umwelt in Übereinstimmung leben. Es sei denn, man stellt die eigenen Wünsche und Bedürfnisse dauernd hintan. Auseinandersetzungen austragen heißt, für seine Ziele, Überzeugungen, Wünsche oder Ansichten einzustehen und sie anderen gegenüber aktiv zu vertreten (nicht unbedingt, sie immer durchzusetzen). Deshalb liegt man noch lange nicht im Konflikt mit anderen.

Wo **endet** die **Differenz** – wo beginnt der **Konflikt**?

Wenn Sie der Ansicht sind, der Kundenbrief müsse heute noch abgeschickt werden, Ihre Kollegin dagegen meint, das brauche erst in ein paar Tagen erledigt werden, dann haben Sie noch keinen Konflikt. Viele Menschen erleben eine solche Meinungsverschiedenheit aber bereits als Konflikt und gehen entsprechend in Angriffs- oder Verteidigungshaltung. Doch der Unterschied ist gravierend: Differenzen, also unterschiedliche Ansichten, Überzeugungen, Gefühle und Wünsche bedeuten noch lange keinen Konflikt. Erst wenn sich die Differenzen gegenseitig ausschließen, also Ihre Kollegin meint, ihre Sicht der Dinge sei die einzig wahre und entsprechend müsse gehandelt werden, liegt einer vor. Denn dann fühlen Sie sich in Ihrer Meinung, für die Sie ja auch berechtigte Gründe haben, nicht gewürdigt, und versuchen, etwas dagegen zu unternehmen.

So mancher scheinbare Konflikt besteht tatsächlich nur darin, dass man unterschiedlicher Ansicht ist. Das können viele Menschen nicht ertragen und versuchen, andere deswegen zu bekämpfen – und entfachen damit überhaupt erst einen Konflikt. Andererseits geraten wir oft in Situationen, in denen sich tatsächlich Interessen widerstreiten. »Schlimm« ist das nicht. Konflikte gehören zum täglichen Leben. Es kommt darauf an, wie sie ausgetragen werden. Das Ziel sollte nicht sein, Konflikten möglichst aus dem Weg zu gehen. Damit würden Sie Ihre Interessen zurückstellen, sobald sie mit anderen kollidieren.

Entscheidend ist nicht, *dass* Sie mit anderen in Konflikt geraten, sondern *wie* Sie damit umgehen: Ob er eskaliert und in unüberbrückbarer Feindschaft endet oder ob Sie konstruktiv mit ihm umgehen und die Chancen, die er bietet, erkennen und nutzen. Am Ende können Sie nicht nur eine Lösung gefunden haben. Sie können sich auch mit Ihrem Konfliktpartner besser verstehen als vorher. Denn Konflikte sind noch aus einem anderen Grund wichtig: Sie stärken Ihre Beziehung zu Ihren Mitmenschen. Sie lernen sie besser kennen und verstehen. Sie werden mit anderen Überzeugungen und Einstellungen konfrontiert, an denen Sie lernen und persönlich wachsen können. »Streiten verbindet« haben die Aggressionsforscher Bach und Wyden festgestellt – was für die Partnerschaft ebenso gilt wie für die berufliche Beziehung zu Kollegen, Kunden oder Mitarbeitern. Deshalb: Sehen Sie Konflikte nicht von vornherein als etwas Negatives an. Sie gehören zum Leben und können es sogar entscheidend bereichern.

Tipp

Chancen von Konflikten

- Differenzen und widerstreitende Interessen kommen ans Tageslicht.
- Jeder muss klar Position beziehen. Man erfährt, welches die Ziele des Konfliktpartners sind.
- Beide Seiten lernen sich besser kennen und verstehen.
- Energie, die für Aggressionen, Erdulden, verdeckte Angriffe, Verteidigung, Mobbing etc. aufgewendet wird, kann freigesetzt und konstruktiv für Lösungen und anschließend für neue Aktivitäten verwendet werden.
- Es können Lösungen, Ideen und Ansätze gefunden werden, die für alle Seiten bereichernd sind. Altes, nicht mehr Brauchbares, kann verabschiedet werden.

Haben Sie **gelernt,** Konflikte **auszutragen**?

Warum nutzen wir die Chancen von Konflikten nicht viel häufiger? Sicherlich auch, weil permanente Harmonie als erstrebenswertes Ziel gilt, in den Familien ebenso wie im beruflichen Umfeld. Schon Kindern bringen wir bei, dass Streiten etwas Schlechtes ist. Konsequenterweise lernen sie auch nicht, wie man konstruktiv Konflikte austrägt. Denken Sie einmal an Auseinandersetzungen zurück, die Ihre Eltern, Familienmitglieder, Bekannte, Lehrer oder andere Menschen, die Sie prägten, mit Ihnen oder miteinander führten: Haben Sie da gelernt, wie man Konflikte durch Gespräche beilegt? Dass Menschen und Beziehungen daran wachsen können? Meine Erfahrung aus Seminaren ist, dass das Austragen von Konflikten von den meisten Menschen als etwas Negatives empfunden wird. Kein Wunder, wurden sie doch geprägt von »Techniken« wie Beleidigtsein, Abwertung, Schweigen, Verweigerung von Kontakt, Schuldzuweisung, Rechtfertigung – das ganze Repertoire, mit dem wir dann auch später unsere Konflikte austragen beziehungsweise verschlimmern.

Für Frauen kommt noch eines hinzu: Wir werden immer noch viel mehr als Männer durch unsere Erziehung und Sozialisation dazu angehalten, uns friedfertig, freundlich und ausgleichend zu verhalten. Kooperativ zu sein halte ich für eine gute Einstellung. Aber sie darf nicht bedeuten, dass Frauen darauf verzichten, ihre Ansichten, Forderungen und Interessen auch in kontroversen Diskussionen zu vertreten, aus Angst, diesem gesellschaftlichen Bild nicht mehr zu entsprechen.

Wie führen Sie **erfolgreiche** **Konflikt**gespräche?

Um ein Konfliktgespräch erfolgreich zu führen, ist es wichtig, dass Sie sich selbst behaupten und zum konstruktiven Verlauf des Gesprächs beitragen können. Das bedeutet[1],

- dass Sie Konfliktanzeichen bei sich selbst und in Ihrer Umgebung möglichst früh wahrnehmen;
- dass Sie verstehen, wie Sie selbst dazu beitragen, Konflikte zu verschlimmern und sich darin zu verstricken;
- dass Sie Ihre Anliegen formulieren können, ohne damit den Konflikt weiter zu schüren;
- dass Sie erkennen, welche Mechanismen zur Intensivierung von Konflikten beitragen;
- dass Sie die Grenzen Ihrer Möglichkeiten, Konflikte beizulegen, erkennen und sich rechtzeitig Unterstützung von außen holen.

Um diese Aspekte geht es in diesem Buch. Das Führen von fairen und konstruktiven Konfliktgesprächen können Sie lernen. Nicht von heute auf morgen, dazu sind wir oft zu festgefahren in unseren Mustern, aber durch Einsicht und Übung, durch Ausprobieren und Lernen aus Fehlern. So können Sie eine Menge dazu beitragen, dass Ihnen berufliche Konflikte künftig weniger Energie rauben und einen konstruktiven Abschluss finden.

Nachdenken **und** umsetzen

In diesem Buch finden Sie Anregungen, Erklärungsmodelle, Reflexionsübungen, Erfahrungen, Beispiele und Tipps aus der Praxis. Wichtig ist mir, dass Sie diese auf Ihre persönliche Situation übertragen können. Denn was als Konflikt erlebt wird, ist von Mensch zu

Mensch verschieden. Sie liegen mit einer Kollegin in ständigem Kleinkrieg – andere kommen mit ihr problemlos zurecht. Sie finden Ihren Chef in Ordnung – andere regen sich heftig über ihn auf. Es ist nicht die Person oder die Situation, die »schwierig« ist. Sie sind es, die mit manchen Menschen und in manchen Situationen Schwierigkeiten haben.

Deshalb kann es keine Techniken oder »Rezepte« geben, mit denen Sie für alle künftigen Konflikte gewappnet sind. Was in einer Situation passt, ist möglicherweise in einer anderen wenig hilfreich. Aus der Fülle der Möglichkeiten, Übungen und Anregungen in diesem Buch können Sie schöpfen. Probieren Sie aus, was für Sie in der jeweiligen Situation passt.

Manches, was Sie hier lesen, haben Sie vielleicht schon einmal gehört. Aber setzen Sie es auch um? Ich mache in meinen Workshops immer wieder die Erfahrung, dass Teilnehmer behaupten, dieses oder jenes Modell bereits gut zu kennen. Wenn wir dann konkret an Konflikten arbeiten, wenden sie die Modelle aber nicht an. Die besten Techniken und Erklärungen nützen Ihnen nichts, wenn Sie sie nicht in Ihren Alltag integrieren können. Deshalb stelle ich Ihnen im Verlauf des Buches viele Reflexionsfragen, die Sie zum Nachdenken über sich, Ihre persönliche Situation und zur Umsetzung Ihrer Erkenntnisse animieren sollen. Auch die Beispiele aus meiner Praxis (die ich meist etwas verfremdet wiedergebe) sollen Ihnen die Anwendung und Umsetzung erleichtern. Das Buch kann Ihnen als Leitfaden dienen, mit dem Sie Ihr Konfliktverhalten insgesamt auf den Prüfstand stellen und einzelne Dinge herausfinden, die Sie ändern wollen. Sie können sich damit auch ganz praktisch auf Ihre nächsten Konfliktgespräche vorbereiten, um diese gut strukturiert durchzuführen.

Ich hoffe, Ihr Ziel oder Anspruch ist nicht, künftig »alle« Konfliktgespräche souverän und gelassen zu beherrschen. Das gelingt nicht einmal erfahrenen Konfliktberatern. Wenn Sie Ihre Gespräche überwiegend gut und konstruktiv über die Bühne bringen, ist das schon ein großer Erfolg. Wir alle tappen immer wieder in unsere persönlichen Fallen, verlieren die Beherrschung oder haben einen schlechten Tag. Gestehen Sie sich das zu! Bei allem Bemühen um den rechten Umgang mit Konflikten sind wir alle »menschlich«. Wenn Sie es schaffen, künftig Ihre Energie weniger auf die Konflikte selbst als auf deren Lösung zu verwenden, werden Sie das wahrscheinlich bereits als große Erleichterung empfinden.

Konfliktgespräche haben eine größere Chance, erfolgreich zu verlaufen, wenn Sie den zugrunde liegenden Konflikt aus drei unterschiedlichen Perspektiven betrachten: aus der eigenen, aus der des Gegenübers und aus einer Metaposition »über« dem Geschehen, aus der Sie, quasi als Dritte, von außen anschauen, was eigentlich abläuft. Aus diesen drei Positionen ergibt sich auch der Aufbau dieses Buches:

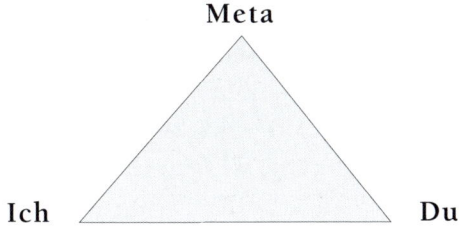

Die Ich-Position:
Ihr Beitrag zum
erfolgreichen Konfliktgespräch

Meistens verharren wir in der Ich-Perspektive: Wir wollen unsere Interessen durchsetzen und fühlen uns im Recht. Schuld am Konflikt haben die anderen. Dabei übersehen wir geflissentlich, was wir selbst dazu beitragen, dass ein Konflikt entsteht.

Das erste Kapitel des Buches befasst sich deshalb damit, welche Beiträge Sie leisten können, um einen Konflikt in einem möglichst frühen Stadium zu klären:

● Gehen Sie aktiv und frühzeitig an Konfliktgespräche heran.
● Erkennen Sie Ihre typischen Konfliktmuster und dass Sie alternative, konstruktivere Verhaltensweisen wählen können.
● Nehmen Sie Ihre Anliegen ebenso wichtig wie die der anderen.
● Machen Sie sich klar, was Sie eigentlich wollen.

Die **Beziehung** zum Gegenüber

Konstruktive Konfliktgespräche beruhen auf konstruktivem Verhalten beider Seiten. Dazu können Sie andere natürlich nicht zwingen. Aber Sie können Ihre Konfliktpartner zu einem konstruktiven Umgang einladen, indem Sie, auch wenn es sachliche Differenzen gibt, die Beziehung zu ihnen bewusst pflegen. Dazu sind notwendig:

● Anerkennung
● Verständnis für die andere Sichtweise
● das Fokussieren auf Interessen statt Positionen
● der angemessene Umgang mit Ihren eigenen Gefühlen und denen Ihres Konfliktpartners.

Auf diese Aspekte gehe ich im zweiten Kapitel ein.

Typische
Konflikt**konstellationen**

Auch wenn die Auslöser für Konflikte und die Konfliktmuster von Menschen ganz unterschiedlich sind, gibt es bestimmte Konstellationen, die in Konflikten immer wieder zu beobachten sind. Ich stelle Ihnen im dritten Kapitel ausführlich das so genannte Drama-Dreieck vor, das sich in sehr vielen Konflikten beobachten lässt. Es beschreibt, warum sich Konflikte endlos im Kreis drehen, wenn die Beteiligten bestimmte typische Rollen einnehmen. Wenn Sie mit diesem Wissen Ihre Konflikte und Konfliktgespräche betrachten, werden Sie sicherlich so manches Aha-Erlebnis haben.

Konfliktgespräche werden nicht nur mit Worten ausgetragen, sondern auch auf einer scheinbar unsichtbaren Ebene – die der kleinen Gesten, Blicke oder der Art und Weise, wie etwas gesagt wird. Auf das Wirken der unsichtbaren Ebene, die Konfliktgespräche vehement beeinflusst, gehe ich ebenfalls in diesem Kapitel ein.

Überlegt
und planvoll

Stolpern Sie auch meist eher »zufällig« und planlos in ein Konfliktgespräch? Und versteifen sich auf Positionen, die Sie anschließend selbst für überzogen halten? Oder gehen Kompromisse ein, die Sie gar nicht wollen?

Besser ist es, wenn Sie Ihre Konfliktgespräche planen und anschließend überlegt führen. Im vierten Kapitel bereite ich mit Ihnen Ihr nächstes Konfliktgespräch vor und gebe Ihnen eine gut strukturierte und praktische Methode für die Durchführung an die Hand.

Die **Grenzen** erkennen

Meiner Erfahrung nach lassen sich sehr viele Konflikte zwischen zwei Menschen erfolgreich klären. Natürlich gibt es Egoisten, Rücksichtslose und Machtmenschen, die nur ihre eigenen Interessen kennen. Viel häufiger treffe ich jedoch auf Menschen, die aus Angst, mangelnder Streitkompetenz und fehlendem Selbstbewusstsein in Streit »geraten«, aber viel lieber andere Wege der Auseinandersetzungen gehen würden. Wie diese aussehen können, zeige ich Ihnen in diesem Buch.

Dennoch gibt es Konflikte, die für den Einzelnen nicht lösbar sind und professionelle Vermittlung von außen benötigen – etwa wenn sie bereits eine lange Geschichte haben, ein größeres Umfeld davon betroffen ist, die Fronten verhärtet sind und jede Seite nur noch böse Absichten hinter den Aktionen des anderen vermutet. In diesem Buch geht es um Interessenkonflikte zwischen zwei Personen, bei denen beide ein prinzipielles (wenn auch gelegentlich nicht erkennbares) Interesse an einer Beilegung haben. Sie können in der Regel ohne Vermittlung von außen diskutiert werden. In welchen Fällen eine externe Konfliktberatung empfehlenswert ist, stelle ich im Kapitel »Grenzen von Konfliktgesprächen« dar.

Wenn Sie die Modelle der Transaktionsanalyse kennen, werden Sie bald merken, dass diese zum Grundbestand meines professionellen Hintergrunds gehören.[2] Aber auch Ansätze aus anderen Richtungen habe ich integriert. Die Beispiele dieses Buches ziehe ich aus meiner Erfahrung in Seminaren und Coachings – und nicht zuletzt aus dem, was ich selbst über das Führen schwieriger Gespräche gelernt habe. Selbstverständlich habe ich auch erst lernen müssen, warum ich in Konflikte gerate und wie ich mit ihnen am besten umgehe. Auch heute gelingt mir trotz allen Wissens nicht jedes Konfliktgespräch. Aber insgesamt ist es leichter geworden: Ich erkenne schneller, woran es liegt, und finde rascher Lösungen, bei denen ich mich wohl fühle. Das Gleiche wünsche ich Ihnen auch – und haben Sie dabei Geduld mit sich! Von heute auf morgen wird sich nicht viel ändern. Lernen ist ein Prozess mit vielen »Aufs« und »Abs«. Das Wichtigste ist: Fangen Sie an, trauen Sie sich und sammeln Sie so immer mehr positive Erfahrungen.

Danke!

Erst im Austausch und in der Diskussion werden viele Dinge klar, entstehen Ideen, bekommt man Anregungen zum Nach- und Weiterdenken. Das ging mir beim Schreiben dieses Buches nicht anders. Für viele kluge Ratschläge, für das bereitwillige Weitergeben von Erfahrungen und Wissen aus ihrer eigenen professionellen Tätigkeit als Konfliktmanager/innen, für das konstruktiv-kritische Gegenlesen des Manuskripts sowie für Motivation, Mitfühlen und Mitdenken danke ich deshalb sehr herzlich Maria Amante, Gisela Haasen, Sonja Martin, Theo Müller, Claudia Rahlf-Meerstein, Christiane Vagedes-Baus und Ravi Welch. Die Zusammenarbeit mit Dagmar Olzog vom Kösel Verlag empfand ich als sehr angenehm, herzlichen Dank auch dafür!

Kapitel 1

Agieren
statt
reagieren

Ihre Beiträge zu erfolgreichen Konfliktgesprächen

»Soll die doch erst mal ...« »Dem gehe ich am liebsten aus dem Weg, mit dem gibt es nichts als Ärger!« »Also, ich würde ja gerne, aber meinem Chef brauche ich damit nicht zu kommen.« Kennen Sie solche Entschuldigungen, Rechtfertigungen und Ausflüchte? Führen Sie sie auch immer wieder ins Feld, um sich und anderen zu erklären, warum Sie trotz eines drohenden Konflikts »machtlos« sind? Entweder ist mit der anderen Seite sowieso nicht zu reden oder wir überzeugen uns selbst, dass die Situation gar nicht so schlimm ist beziehungsweise leider nicht zu ändern ist. Jedenfalls nicht von uns.

Warum bleiben Sie angesichts drohender Konflikte passiv? »Eigentlich« wissen Sie ja, dass diese dadurch schlimmer werden. Doch die Hoffnung stirbt zuletzt – es könnte ja sein, dass sich alles wieder von selbst einrenkt. Außerdem: Die aktuelle Situation, so schlimm sie auch sein mag, kennen Sie. Damit kommen Sie irgendwie zurecht.

Aber wer weiß, wie es ist, wenn Sie aktiv werden? Welche Konsequenzen werden eintreten? Vielleicht wird alles noch viel schlimmer? Dann schon lieber »Opfer« der Umstände sein und diese erdulden. Oder sich darüber in regelmäßigen Abständen aufregen – und auf ein Wunder hoffen.

Doch das bleibt meistens aus. In Wirklichkeit wird der Konflikt schlimmer und frisst immer mehr von Ihrer Energie auf.

IHR WICHTIGSTER BEITRAG: AKTIV WERDEN

SUSANNE, Assistentin des Geschäftsführers eines Verlags, kam mit dem schnellen Tempo ihres Chefs nicht zurecht. Sie fühlte sich unter permanentem Druck, alle Arbeiten noch rascher zu erledigen, obwohl sie schon »Vollgas« gab. Mit ihrem Chef traute sie sich nicht zu reden. Aber sie litt zunehmend unter Schlafstörungen und Kopfschmerzen und ließ sich immer häufiger vom Arzt krank schreiben, um sich kurze Ruhepausen vom Stress in der Arbeit zu verschaffen.

Vielleicht kennen Sie ähnliche Situationen. Vielleicht kennen Sie auch die Strategien, mit denen Sie vermeiden, ein Problem als ein Problem wahrzunehmen. Denn oft ist es so, dass wir es (bewusst oder unbewusst) einfach nicht wahrhaben wollen, dass wir ein Problem haben oder vor einem Konflikt stehen. Die Transaktionsanalytiker Ken Mellor und Eric Sigmund haben in dem so genannten Discountingmodell[3] dargestellt, wie wir es oft vermeiden, Probleme aktiv anzugehen.

Wie wir es »vermeiden«, Konflikte zu haben

Erste Stufe:
Es gibt gar **kein Problem**

Die einfachste Art, ein Problem nicht angehen zu müssen, ist, es rundheraus zu leugnen: »Wo ist das Problem?« Alle Signale, die darauf hinweisen, dass etwas nicht stimmt, werden einfach ignoriert: Man blendet aus, dass die Stimmung in der Abteilung mies ist oder die Arbeit sich auf dem Schreibtisch stapelt. Man nimmt nicht wahr, dass der Gesprächspartner total gestresst oder genervt ist. Man macht einfach weiter, als ob nichts wäre. Denn wo es kein Problem gibt, besteht auch kein Handlungsbedarf. Es ist erstaunlich, mit welch »dicker« Haut sich manche Menschen panzern, um Probleme nicht wahrzunehmen und damit auch nicht aktiv werden zu müssen.

Katja, eine Journalistikstudentin, absolvierte ein Praktikum bei einem Radiosender. Sie erlebte die tägliche Redaktionskonferenz als ein einziges Hauen und Stechen: Es wurde harsche, auch sehr persönliche Kritik aneinander geübt, Ideen wurden verrissen, ab- wie anwesende Personen abgewertet und es herrschte starker Konkurrenzdruck. Nach einer Woche bat man sie, der Runde ein Feedback als »Außenstehende« zu geben. Sie war mutig genug, ihre Beobachtungen recht offen darzustellen. Der Chef vom Dienst reagierte überrascht und abwehrend: »Das verstehe ich gar nicht. Die Sendungen laufen doch alle prima, wir finden hier gute Themen und bekommen gute Resonanz von unseren Hörern. Darum geht es doch.« Für ihn gab es kein Problem.

Woran erkennen Sie Konflikte?[4]   **Tipp**

Hier eine kurze Zusammenstellung von Signalen, die auf einen Konflikt
mit einer anderen Person hinweisen:

- Sie sprechen weniger miteinander, wichtige Informationen werden
  nicht ausgetauscht. Das kann Fehler und Fehlentscheidungen nach
  sich ziehen. Der Ton wird steifer und förmlicher. Plaudereien, die
  nichts mit der sachlichen Arbeit zu tun haben, werden reduziert oder
  ganz eingestellt. Der Kontakt wird auf ein Minimum reduziert.
- Es werden Sticheleien und spitze oder feindselige Bemerkungen ausgetauscht. Man streitet sich öfter über Kleinigkeiten auf Nebenkriegs-
  schauplätzen. Dabei geht es darum, wer am Problem schuld ist, nicht
  um dessen Lösung. Man empfindet Genugtuung dabei, dem anderen
  eins auszuwischen.
- Kleine Verhandlungen werden zur Entscheidung nach oben beziehungsweise an Dritte delegiert. Die Parteien berufen sich verstärkt auf
  Regeln und Anweisungen.
- Statt zu diskutieren, argumentiert man – auch bei Kleinigkeiten. Man
  versucht nicht, die andere Seite zu verstehen, sondern ihr die eigenen
  Ansichten zu vermitteln.
- Die Arbeitsmoral und Effektivität der Arbeit nimmt ab. Die Atmosphä-
  re ist gespannt, es wird kaum gelacht.
- Es stellen sich gesundheitliche Probleme ein: häufige Erkältungen,
  Kopfschmerzen, Magenbeschwerden, Schlaflosigkeit. Man ist lustlos,
  ausgelaugt, genervt, müde ...
- Private Beziehungen leiden, man trägt Konflikte stellvertretend im fa-
  miliären Umfeld aus.

Zweite Stufe:
Das Problem ist nicht **wichtig**

Auf dieser Stufe wird erkannt, dass es ein Problem gibt: Susanne nimmt wahr, dass sie unter Kopfschmerzen leidet und diese mit ihrem Stress zu tun haben. Sie erkennen, dass der Kunde verärgert ist. Sie bemerken, dass der Kollege Sie nur noch kurz angebunden grüßt. Aber Sie messen dem keine Bedeutung bei. »Der kriegt sich schon wieder.« »Das macht doch nichts.« »Das ist nicht so schlimm, das wird schon wieder.« Es wird abgewiegelt und die Bedeutung des Ganzen heruntergespielt. Wieder mit der Konsequenz: Wenn etwas nicht wichtig ist, kann man sich damit arrangieren – und abwarten, ob es sich von alleine wieder regelt.

Andere Kollegen aus besagter Radiostation konnten zwar die Beobachtungen von Katja nachvollziehen, sahen aber kein gravierendes Problem darin. So zuckte der Redaktionsleiter nur mit den Schultern: »So ist das eben beim Radio. Nur hungrige Reporter sind gute Reporter, wie es so schön heißt. Außerdem: Morgens beißen sie sich und mittags trinken sie schon wieder ein Bierchen zusammen. Das kommt Ihnen schlimmer vor, als es in Wirklichkeit ist.« Kurz: Ist doch alles gar nicht schlimm!

Dritte Stufe:
»Man« kann nichts **ändern**

Auf dieser Stufe hat man erkannt: Es liegt ein Problem vor, das Bedeutung für einen hat. Susanne gibt zu, dass das Tempo des Chefs sie überfordert und sie enorm stresst. Sie befürchten, dass der verärgerte Kunde zur Konkurrenz gehen wird. Die Mitarbeiter merken, dass ihr Chef Fehlentscheidungen trifft, weil er ihre Meinung nicht berücksichtigt. Doch sie kommen zu dem Schluss: »Da ist nichts zu machen.« »Das war schon immer so!« »Damit muss man leben.« »Der ist nicht zu ändern.« Man zählt das Problem zu den unabänderlichen Widrigkeiten des Lebens, mit denen man sich abfinden muss. Man braucht also nichts zu tun und nichts zu riskieren.

Katja unterhielt sich nach der Konferenz mit einigen Kollegen in kleiner Runde. Die meisten stimmten ihren Beobachtungen zu, meinten jedoch: »Was soll man machen? Im Moment kannst du froh sein, wenn du überhaupt Arbeit hast. Außerdem ist die Stimmung überall mies, da kannst du hinschauen, wo du willst. Das darf man eben nicht so nah an sich rankommen lassen, ändern kann man eh nichts.«

Vierte Stufe: »Ich« kann nichts ändern

Auf der vierten Stufe des Abwertens hat man erkannt, dass das Problem prinzipiell lösbar ist – nur leider nicht von einem selbst. Ein anderer würde es vielleicht schaffen, aber man selbst sieht sich dazu außerstande: Die Position erlaubt es nicht, die Kapazität reicht nicht aus, die eigenen Fähigkeiten werden für zu gering erachtet, das Selbstbewusstsein fehlt. Susanne sagt: »Wenn ich mehr Mut hätte, würde ich mit dem Chef reden. Den habe ich aber nicht. Und eine andere Stelle finde ich derzeit auch nicht. Da kann ich nichts machen.«

Ein Kollege in Katjas Radiosender wirft den anderen vor: »Zusammen könnten wir durchaus was machen. Das predige ich doch schon seit langem. Aber ich alleine kann ja nichts ausrichten. Wir müssten uns zusammentun und ein paar Vorschläge machen. Aber auf mich hört ja keiner.«

Es ist ein gutes Zeichen, wenn Sie feststellen, dass Sie sich eine Konfliktklärung persönlich nicht zutrauen: Sie stehen kurz davor, aktiv zu werden! Und sind damit einer Lösung einen bedeutenden Schritt näher als jemand, der gar nicht merkt, dass er ein Problem hat oder es für unwichtig erklärt.

Praxis   Erkennen Sie die Signale!

Werden Sie hellhörig, sobald Sie merken, dass Sie (oder andere) etwas verharmlosen: Suchen Sie nur nach einer Entschuldigung, um ein auftauchendes Problem zu ignorieren und nicht anzugehen? Je länger Sie das Problem abwerten, desto schlimmer wird es werden!
Denken Sie an Probleme und Konflikte aus Ihrer Vergangenheit und überprüfen Sie, ob Sie sie auf einer der vier Stufen abgewertet haben. Auch aktuelle Situationen können Sie anhand der folgenden Fragen überprüfen:

Erste Stufe: Problem wahrnehmen

- Welche Signale könnten Ihnen zeigen, dass ein Problem besteht? (Siehe Checkliste auf Seite 22)
- Wie häufig treten diese Signale auf?
- Auf welches Problem weisen Sie die Signale hin? Ist das vordergründige Problem auch das eigentliche Problem? (Unerledigte Arbeit weist meist nicht auf »zu wenig« Zeit hin, sondern auf das Problem, sich nicht abgrenzen zu können.)

Zweite Stufe: Bedeutung erkennen

- Wie stark beeinträchtigt Sie das Problem? Wie häufig werden Sie damit konfrontiert?
- Welche Folgen könnten sich für Sie ergeben, wenn Sie das Problem nicht lösen?

Dritte Stufe: Lösbarkeit sehen

- Warum ist an der Situation nichts zu ändern?
- Gibt es Beispiele, wo ähnliche Konflikte gelöst wurden? Auf welche Weise?
- Was müsste passieren, damit das Problem lösbar ist?
- Wenn Ihnen eine gute Fee einen Wunsch erfüllen würde (bezogen auf den Konflikt) – was würden Sie sich wünschen? Was ist realistisch und umsetzbar an dem Wunsch, was nicht?

Vierte Stufe: Eigene Lösungskompetenz einschätzen

- Warum können *Sie* das Problem nicht lösen? Was genau hält Sie ab?
- Was/welche Unterstützung brauchen Sie, um das Problem zu verändern?
- Welche Teilaspekte könnten Sie lösen?

Wenn Sie an vergangene Konfliktsituationen denken: Hätten Sie diese leichter lösen können, wenn Sie Ihre Passivität früher erkannt hätten? Was wäre anders gewesen?

Tipp

Passivität beim Gesprächspartner

Es kann natürlich auch passieren, dass Sie selbst bereit und willens sind, einen Konflikt zu klären. Aber der oder die andere wehrt ab: »Vielleicht hast du ein Problem. Für mich ist alles in Ordnung so.«

Sieht jemand das Problem nicht (oder will es nicht sehen), macht es keinen Sinn, über mögliche Lösungswege zu diskutieren. Sie müssen ihn auf der Stufe abholen, auf der er sich befindet (oder vorgibt, sich zu befinden):

- Sieht er das Problem nicht, so führen Sie ihm die Signale vor Augen.
- Leugnet er die Bedeutung, so weisen Sie auf die Konsequenzen hin.
- Hält er den Konflikt für nicht lösbar, so zeigen Sie Beispiele oder Ideen auf.
- Sieht er sich persönlich nicht in der Lage, so bitten Sie ihn, es dennoch auszuprobieren.

Wenn jemand allerdings tatsächlich nicht aktiv werden will, können Sie ihn nicht zwingen. Dann können Sie ihm nur die Konsequenzen aufzeigen, die Sie sehen, wenn der Konflikt nicht gelöst wird, und es beizeiten wieder versuchen.

Jetzt sehen Sie dem Konflikt ins Auge und sind auch willens, etwas zu ändern. Sie werden aktiv. Wirklich? Manchmal haben wir schlaue Strategien, um uns selbst zu täuschen. Prüfen Sie einmal, ob Ihnen die folgenden Handlungsweisen bekannt vorkommen![5]

Agitieren

Sie setzen eine Menge in Bewegung, um das Problem aus der Welt zu schaffen – aber alle Ihre Aktivitäten verlaufen im Sande. Keine ist geeignet, das Problem tatsächlich zu lösen. Ziel des ganzen Aktionismus ist, die wirkliche Konfrontation zu meiden – und die eigene Hilflosigkeit nicht zu spüren.

> Silke, Angestellte in einer Baumarktfiliale, kam mit ihrem Chef nicht zurecht. Dieser hatte ständig etwas an ihrer Arbeit auszusetzen und fand nie ein freundliches oder anerkennendes Wort. Sie versuchte, das Problem zu lösen, indem sie unaufgefordert zusätzliche Arbeiten übernahm, um ihrem Chef zu imponieren. Sie staubte Regale ab, ordnete sie neu oder ließ ihre Mittagspause ausfallen, um währenddessen Kunden zu beraten. Die erhoffte Anerkennung bekam sie dafür nicht: Der Chef ärgerte sich über ihre unverlangten Aktionen. Sie solle lieber das, was er ihr auftrage, vernünftig ausführen, kam als kritische Bemerkung. Das eigentliche Problem, nämlich ein Gespräch mit dem Chef, vermied Silke.

Andere Formen des Agitierens sind:

● Sie reden mit Dritten oder Unbeteiligten über das Problem statt mit dem Betroffenen selbst. Gemeint ist damit nicht eine durchaus sinnvolle Beratung oder ein Coaching mit dem Ziel, Strategien zur Problemlösung zu entwickeln. Sondern das »Tratschen und Ratschen«, bei dem Meinungen und Positionen ohne Handlungsabsicht ausgetauscht werden: Sie erzählen, wie schrecklich Herr Müller ist; oder dass Frau Meier unglaublich arrogant ist; oder geben zum Besten, wie schlimm Sie unter einem Konflikt mit Frau Huber zu leiden haben.

● Sie erzeugen Hektik und Zeitdruck, um Problemen auszuweichen. Sie sind permanent im Stress, weil so viele Dinge noch zu erledigen sind: »Erst muss ich noch ...« Anschließend glauben Sie, genügend Zeit zu haben, um das Problem anzugehen. Leider kommt es nie dazu, weil es immer etwas gibt, das gerade wichtiger ist.

● Sie erarbeiten Lösungswege für Ihr Problem, unternehmen den ersten Schritt – und lassen keinen zweiten folgen, weil Ihnen inzwischen eine bessere Idee gekommen ist. Oder erster Widerstand von außen lässt Sie an Ihrem Lösungsweg zweifeln und Sie suchen lieber nach einem anderen. Sie sind zwar schwer damit beschäftigt, das Problem zu lösen. Es kommt aber letztendlich nichts dabei heraus.

Aktivitäten wie den Schreibtisch aufräumen, zum Einkaufen gehen, Putzaktionen und so weiter sind zwar prinzipiell sinnvoll, eignen sich aber ebenso als »Agitationsstrategien«. Die Unterscheidung ist nicht immer leicht: Manche Menschen haben fantastische Einfälle, während sie ihr Büro aufräumen. Viele vermeiden damit aber einen unangenehmen Anruf oder Ähnliches. Letztlich können Sie nur selbst beurteilen, ob Ihr Einsatz der Problemlösung dient oder Sie davon ablenkt.

Überanpassung

Eine eher subtile Art der Passivität ist die Überanpassung. Sie fügen sich permanent in die Situation oder in die Pläne der anderen – um »des lieben Friedens willen«. »Einer muss ja nachgeben!« Sie geben sich kooperativ und anpassungsbereit, in Wirklichkeit vermeiden Sie, Verantwortung zu übernehmen und aktiv zu werden. Das geht natürlich auf Kosten Ihrer eigenen Gefühle, Gedanken, Ziele und Möglichkeiten.

Claudia hatte sich nach einer mehrjährigen Familienzeit entschlossen, wieder zu arbeiten. Sie fand eine Teilzeittätigkeit als Verkäuferin und hatte große Angst, den Anforderungen von Kunden und Kolleginnen nicht gerecht zu werden. Ihre Strategie war die totale Anpassung: Sie sagte nie ihre Meinung, forderte nie etwas, fügte sich widerspruchslos in alle Dienstpläne, stimmte den Kolleginnen auch in privaten Gesprächen ständig zu – mit dem Erfolg, dass sie in kürzester Zeit von niemandem mehr ernst genommen wurde. Man lästerte über sie hinter ihrem Rücken und schob es ihr gerne mal in die Schuhe, wenn Regale schlampig eingeräumt waren oder Kunden sich über Kassenirrtümer beschwerten. Es trat ein, was Claudia befürchtet hatte – sie wurde den Anforderungen nicht gerecht.

Anpassung und Kompromissbereitschaft sind, je nach Situation, durchaus vernünftig. Wenn dieses Verhalten aber zur dauerhaften Haltung wird, verzichten Sie darauf, für Ihre eigenen Bedürfnisse zu sorgen, und übernehmen keine Verantwortung für sich selbst. Oft wird Überanpassung vom Umfeld zunächst begrüßt und anerkannt. Erst auf längere Sicht wird das Konfliktpotenzial dieser Haltung deutlich. Denn wer sich permanent anpasst, bringt keine eigenen Ideen ein.

Abschreckendes Verhalten, Gewalt gegen sich und andere

Wutanfälle, Zynismus, Bissigkeit, Überempfindlichkeit und emotionale Kälte haben einen »Vorteil«: Andere lassen einen in Ruhe, um besagte Reaktionen nicht zu provozieren. So hält man sich seine Kollegen/Mitarbeiter und damit auch »deren« Probleme vom Leib. Und man kann überspielen, dass man keine Lösung hat beziehungsweise nicht willens ist, etwas für eine Lösung zu tun. Führungskräfte mit autoritärem Stil zeigen häufig diese Art der Passivität gegenüber Konflikten. Im Beruf glücklicherweise selten, kann diese Art der Passivität im privaten Umfeld bis zur Gewalt eskalieren. Man macht andere mundtot und muss die eigene Untätigkeit und Hilflosigkeit nicht spüren.

Die Gewalt gegen die eigene Person ist jedoch auch im beruflichen Umfeld gang und gäbe: Fingernägelbeißen, sich wund kratzen, zu viel Alkohol, übermäßiges Essen bis hin zu Drogen und Selbstmord(drohungen) sind extreme Ausprägungen von Passivität. Man tut zwar etwas, schädigt sich dabei aber selbst, ohne den eigentlichen Konflikt zu lösen.

Überprüfen Sie doch einmal, ob Sie eine oder mehrere dieser drei Strategien anwenden. Wenn Ihre Konflikte scheinbar unlösbar sind und trotz Ihrer Bemühungen immer weitergehen, kann hier eine Ursache liegen.

Wilde Fantasien –
warum wir Konfliktgespräche vermeiden

Wenn Sie klärende Konfliktgespräche vermeiden, hat das natürlich seine Gründe. Jenseits aller rationalen Erklärungen (und Ausflüchte) gibt es meistens einen tieferen (und sehr verständlichen) Grund: die Angst vor den Konsequenzen. Die Angst, dass alles noch schlimmer wird, die Angst, sich im Konfliktgespräch »falsch« zu verhalten, das Gesicht zu verlieren, verletzt zu werden und schließlich vor einem Scherbenhaufen zu stehen.

Die Angst geht meist mit einem anderen Phänomen einher: Wir blenden die möglichen positiven Konsequenzen aus und konzentrieren uns ganz auf die potenziellen negativen Folgen. Diese malen wir uns in düsteren Tönen aus: »Wenn ich das anspreche, dann mögen mich alle nicht mehr.« »Wenn ich was sage, dann wird der Chef sauer auf mich.« »Die lachen mich bestimmt alle hinter meinem Rücken aus.« »Wenn ich vor dem Kunden stehe, bringe ich bestimmt kein Wort mehr heraus.«

Alle positiven Erfahrungen, die wir möglicherweise in ähnlichen Situationen bereits gesammelt haben, werden ausgeblendet. Negative Erfahrungen erhalten doppeltes Gewicht. Mag der Chef auch etliche Male positiv auf Verbesserungsvorschläge reagiert haben, die drei Male, in denen er ärgerlich abwinkte, bleiben in Erinnerung. Generell speichern wir unangenehme Erlebnisse viel stärker und beschäftigen uns innerlich mit ihnen viel intensiver als mit den guten Erfahrungen. Negative Erfahrungen erscheinen oft in der Erinnerung schlimmer, als sie tatsächlich waren.

Sie kennen wahrscheinlich die Geschichte von Paul Watzlawick über den Mann, der sich einen Hammer von seinem Nachbarn leihen will. Er malt sich lebhaft aus, wie und warum dieser abweisend reagieren wird und brüllt dem verdutzten Nachbarn schließlich ins Gesicht, dass er seinen blöden Hammer gar nicht wolle – ohne ihn jemals um diesen gebeten zu haben. Etwas weniger drastisch, aber mit gleichem Resultat verhalten sich viele Menschen. Entsprechend ihren negativen Fantasien nehmen sie die Wirklichkeit wahr:

Anke, Lisa und Margit teilen sich ein Büro. Anke und Lisa verstehen sich prächtig, Margit fühlt sich zunehmend ausgeschlossen. Sie würde diese Situation gerne ansprechen, malt sich aber immer wieder aus, wie verständnislos, abweisend und verletzend die beiden reagieren könnten. Entsprechend dieser Fantasie interpretiert sie das Verhalten der beiden – und findet sich darin bestätigt: Anke und Lisa fragen nie, ob sie mit in die Mittagspause gehen will (wobei Margit ausblendet, dass sie selbst das anfangs ausschlug oder von sich aus die Initiative ergreifen könnte). Sie interpretiert Blicke als abwertend oder provozierend. Sie glaubt, dass ihr die unangenehmeren Aufgaben zugeschanzt werden.

Je länger sie das klärende Gespräch hinausschiebt, desto mehr bestärkt sie sich selbst durch vermeintliche Hinweise in ihrer Annahme, dass die beiden Kolleginnen daran kein Interesse haben beziehungsweise negativ reagieren werden.

Mit negativen Fantasien blockieren Sie sich selbst. Ihre Wahrnehmung ist einseitig und eingeschränkt. Sie gehen schon voreingenommen an das Gespräch heran. Alles, was passiert, interpretieren Sie so, dass es Ihre negativen Annahmen bestätigt. Kein Wunder, wenn Sie dann tatsächlich nicht so locker und geistesgegenwärtig handeln können wie in Situationen, an die Sie unbefangen oder mit positiven Vorstellungen herangehen. Sie werden sich verhaspeln, sich rechtfertigen oder sich permanent wiederholen. Worauf der Gesprächspartner dann reagiert – und Ihre negative Erwartung bestätigt sich tatsächlich mehr oder weniger.

Praxis   Welche negativen Fantasien beschäftigen Sie?

Beobachten Sie sich selbst vor schwierigen Situationen und Gesprächen:

- Welche negativen Fantasien malen Sie sich häufig aus? Haben Sie bestimmte Lieblingsfantasien?
- Wie realistisch sind Ihre Fantasien? Wie häufig trifft ein, was Sie sich vorher negativ vorgestellt haben?

Angst und damit einhergehend negative Fantasien vom Ablauf eines Konfliktgesprächs sind meist der tiefer liegende Grund, aus dem wir dieses vermeiden. Sich das einzugestehen, ist keine Schande. Es geht uns allen so. Aber Sie können etwas dagegen tun.

Positive **Fantasien**
entwickeln

Gegen negative Fantasien gibt es ein wirksames »Gegenmittel«: positive Fantasien. Schließlich kann das Konfliktgespräch ja auch gut laufen. Ehe wir uns damit befassen, wie Sie negative durch positive Fantasien ersetzen können, möchte ich Sie noch auf einen wichtigen Aspekt aufmerksam machen.

Wenn Sie sich in negativen Vorstellungen ergehen, dann haben Sie keine hohe Meinung von sich, Ihren Mitmenschen oder den »Rahmenbedingungen«. Negative Fantasien beruhen

- entweder auf Abwertung der eigenen Person: Sie unterschätzen Ihre eigenen Möglichkeiten, ein Konfliktgespräch erfolgreich zu führen;
- auf Abwertung des Konfliktpartners: etwa seiner Bereitschaft, sich kooperativ zu zeigen;
- oder auf Abwertung der Situation: Sie unterschätzen die Möglichkeiten, die die Situation bietet.

Abwertung hat nichts mit der realistischen Einschätzung Ihrer Möglichkeiten oder der Situation zu tun. Sie können zum Schluss kommen: »Im Moment will ich dieses Gespräch nicht führen, weil ich zu nervös bin.« Dann bereiten Sie sich gezielt darauf vor, suchen eine andere Gelegenheit und führen es. Wenn Sie sich abwerten, kommen Sie dagegen zum Schluss: »Ich bin zu nervös, um solche Gespräche zu führen. Ich lasse es lieber ganz.« Abwertungen sind pauschal und verallgemeinernd – und werden der Wirklichkeit nicht gerecht.

Werten Sie sich ab?

Praxis   Nehmen Sie sich noch einmal die Fantasien aus der letzten
Übung vor:

● Haben Sie Ihre eigenen Fähigkeiten realistisch eingeschätzt? Beruht
Ihre Einschätzung auf Erfahrungen?

● Wo haben Sie Ihre Möglichkeiten unterschätzt? Wo haben Sie pauschal
angenommen, etwas nicht oder schlecht zu können, ohne zu hinterfragen, wie Sie es lernen oder sich verbessern könnten?

Die **Kraft** von **bestärkenden** Selbstgesprächen

So wie Sie sich negativen Vorstellungen über den möglichen Ablauf
eines Konfliktgesprächs hingeben, können Sie sich dessen Verlauf
auch in helleren Farben ausmalen. Sie bereiten dieses Gespräch intensiv vor und stellen sich immer wieder innerlich vor, wie Sie es mutig und selbstbewusst führen. Es gibt ein wirksames Mittel, wie Sie
sich in einer Situation selbst motivieren und unterstützen können:
durch bestärkende Selbstgespräche.

Besonders in Stresssituationen befinden wir uns, zusätzlich zu den
Gesprächen, die wir mit anderen führen, permanent in einem lautlo-
sen Selbstgespräch. Darin bewerten wir uns und unser Verhalten.
Wir ziehen unsere Schlüsse aus dem, was andere sagen, und bringen
das Geschehen in Zusammenhang mit unserer inneren Vorstellung:
»Jetzt stottere ich herum, ich hab's doch gleich gewusst.« »Der denkt
bestimmt, der kann mich über den Tisch ziehen ...« So verstärken
wir die Wirkung einer negativen Fantasie – meistens um uns abzuwerten und herunterzumachen.

Diese Technik können Sie aber auch konstruktiv einsetzen. Im
Sport ist die Bedeutung mentaler Vorbereitung auf Wettkämpfe längst

erkannt. Wer an sich glaubt, hat größere Chancen zu gewinnen. Wie oft klagen Hochleistungssportler über Formtiefs – nicht weil sie technische oder körperliche Probleme hätten, sondern weil sie plötzlich das Vertrauen in ihre Fähigkeiten verloren haben. Der Kampf wird im Kopf verloren. Auch ein schwieriges Gespräch ist wie ein sportlicher Wettkampf, bei dem Sie Ihre Nervosität besiegen und auf den Punkt genau Ihre Konzentration und Energie mobilisieren müssen.

Das erschweren Sie sich vehement, wenn Sie sich in solch einem Augenblick quasi selbst auf alles aufmerksam machen, was schief laufen könnte oder was Sie an sich bemängeln. Sie motivieren sich dagegen enorm, wenn Sie sich selbst Mut zusprechen und die positiven Aspekte betonen:

- »Du hast dich gut auf dieses Gespräch vorbereitet. Du schaffst das!«
- »Er schaut dich offen an und hört dir zu. Gut so!«
- »Deine Ansicht ist genauso wichtig wie die von anderen. Also sag sie!«
- »Es ist dir wichtig, das zu erreichen. Also setz dich dafür ein!«

Stellen Sie sich vor, eine Freundin, ein Verwandter oder eine Person, die Sie mag und fördert, würde Sie bestärken und unterstützen: Was würde diese Person zu Ihnen sagen? Was würden Sie gerne hören? Genau das sind die Sätze, die Sie sich auch selbst sagen können.

Einen positiven inneren Dialog formulieren   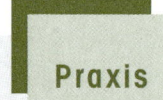 **Praxis**

Ehe Sie ein Konfliktgespräch führen, schreiben Sie sich auf einen Zettel:
- Welche Ermutigungen können Ihnen konkret helfen?
- Woran erkennen Sie, dass das Konfliktgespräch gut läuft?

Sie treffen die Entscheidung: Sie können das wahrnehmen, was nicht gut läuft, sich selbst kritisieren und in den Keller ziehen. Oder Sie können Ihre Aufmerksamkeit auf alles richten, was gut läuft, sich selbst bestärken und anfeuern. Beide Strategien funktionieren!

Positive Selbstbestärkung hat nichts mit blindem Optimismus zu tun. Vor und nach einem Konfliktgespräch sollten Sie in Ruhe erwägen, was schief laufen kann beziehungsweise was Sie nicht gut hinbekommen haben. Daraus können Sie Schlüsse ziehen, was Sie noch verbessern oder beim nächsten Mal anders machen können. Aber in der Situation ist es am besten, wenn Sie sich selbst bedingungslos unterstützen!

Tipp

Mentale Vorbereitung

Weitere Möglichkeiten, sich mental für schwierige Situationen zu bestärken, sind:

- Malen Sie sich vorher aus, dass das Konfliktgespräch positiv verläuft. Stellen Sie sich die Bilder und Szenen lebhaft und realitätsnah vor.
- Erinnern Sie sich an positive Erfahrungen, die Sie bereits in ähnlichen Situationen gesammelt haben. Was Sie damals konnten, können Sie heute auch!
- Reden Sie vor schwierigen Situationen mit Menschen, die an Sie glauben und Sie unterstützen. Meiden Sie Menschen, die stets bei allem Bedenken äußern.
- Wenn Sie merken, dass Sie von negativen Fantasien beherrscht werden: Sprechen Sie sie gegenüber anderen aus. Wenn man darüber redet, merkt man häufig, dass die negativen Vorstellungen übertrieben sind.

Hinterfragen Sie Ihre negativen Fantasien mit Unterstützung anderer: Wie realistisch sind sie? Haben Sie Ähnliches bereits erlebt? Ist die Situation vergleichbar? Was genau kann schief laufen? Was muss passieren, damit es schief läuft? Damit können Sie die Grenze zwischen Schwarzmalerei und Vorbereitung auf böse Überraschungen genauer ziehen.

Sie können auch mit anderen ein kleines Spiel machen: Malen Sie die Situation in den schwärzesten Farben, übertreiben Sie haarsträubend, lassen Sie Ihrer negativen Fantasie freien Lauf. Es tut gut, gemeinsam darüber zu lachen – und das werden Sie unweigerlich. Skizzieren Sie diese Horrorszenarien aber unbedingt mit anderen zusammen, gemeinsam blüht die Fantasie besser und Ihnen wird die Absurdität schneller bewusst.

IHR ZWEITER BEITRAG: ERKENNEN SIE IHR KONFLIKTMUSTER

»Das war mal wieder typisch für mich!«, höre ich oft Seminarteilnehmerinnen seufzen. Gemeint sind das schnelle Aufbrausen, der beleidigte Rückzug, das unmäßig viele Reden, der Tränenausbruch, das rebellische Gegenreden oder andere »automatische« Reaktionsweisen im Konflikt. Wir wissen meist, wie wir typischerweise in Konfliktgesprächen reagieren, besonders unter Stress, wenn die Selbstkontrolle abhanden kommt. Dann ergreift ein Muster von uns Besitz, das wir vielleicht schon seit Kindheit kennen und mit dem wir stereotyp auf schwierige Situationen reagieren: Tendenziell ist es entweder von Angriff oder von Verteidigung und Rückzug geprägt. Meist kommen wir zu dem Schluss: »Ich weiß, dass mein beleidigtes Schweigen (meine Wutanfälle, meine bissigen Bemerkungen ...) im Konflikt nicht hilfreich sind, aber ich rutsche da immer wieder hinein. Ich kann dann einfach nicht anders.«

Kennen Sie Ihr Konfliktmuster? Wissen Sie, wodurch es ausgelöst wird? Wissen Sie, warum Sie mit bestimmten Menschen Schwierigkeiten haben und mit anderen nicht? Je mehr Sie über Ihr persönliches Konfliktmuster wissen, desto vorteilhafter für Ihre Konfliktgespräche:

- Sie wissen, wie Sie selbst dazu beitragen, einen Konflikt zu verschärfen und sich darin zu verstricken – und können es vermeiden.
- Sie kennen die »Köder«, die bewirken, dass Sie einen Konflikt verschärfen, indem Sie emotionaler und heftiger reagieren, als es der Situation »eigentlich« entspricht.
- Sie lernen sich selbst besser kennen und können Ihr »Repertoire« an konstruktiven Verhaltensweisen im Konflikt erweitern.

Ihr **Verhalten** in Konflikten

In Konflikten gibt es zwei typische Verhaltensweisen: Entweder greifen wir an oder ziehen uns zurück und konzentrieren uns auf die Verteidigung. Das ist in der Tierwelt nicht anders, nur beim Menschen in der Ausprägung etwas differenzierter. Keine der beiden Verhaltensweisen ist »gut« oder »schlecht«: Es kommt auf das Ausmaß an, in dem wir es zeigen. Je nach Situation mag es besser sein, sich offensiver oder defensiver zu verhalten.

Finden Sie zunächst einmal heraus, zu welchen der beiden im Folgenden beschriebenen Verhaltensweisen Sie neigen. So können Sie sich bewusst werden, in welchen Situationen Ihnen Ihr Verhalten gute Dienste leistet – und in welchen nicht.

Offensiver Typ	
Typische Verhaltensweisen	➤ Sagt offen, was ihn stört. ➤ Ist spontan und impulsiv in seinen Reaktionen, überlegt nicht lange, was er sagt. ➤ Kann sich nicht auf anderes konzentrieren, solange eine Differenz besteht. ➤ Fühlt sich schnell angegriffen und startet unmittelbaren Gegenangriff. ➤ Stellt ausführlich den eigenen Standpunkt dar, versucht, andere davon zu überzeugen. ➤ Redet lieber als zuzuhören. ➤ Zeigt seine Gefühle.
Konstruktive Aspekte	➤ Konflikt wird deutlich. ➤ Nimmt den Kontakt zu anderen auf. ➤ Der Konfliktpartner weiß, woran er ist. ➤ Staut keinen Ärger/Frust an.
Nachteilhafte Aspekte	➤ Wirkt abschreckend/provozierend auf andere. ➤ Macht sich durch offensichtliche Überreaktion angreifbar. ➤ Nimmt die Bedürfnisse der anderen unter Umständen nicht oder spät wahr. ➤ Trägt zur raschen Eskalation von Konflikten bei. ➤ Führt zu Schuldgefühlen im Nachhinein.

Defensiver Typ

Typische Verhaltens-weisen	➤ Wartet, dass der andere auf ihn zu-kommt. ➤ Überlegt lange, ehe er einen Konflikt anspricht. ➤ Denkt genau über seine Wortwahl nach. ➤ Hört zu, ehe er seinen Standpunkt darlegt. ➤ Ist sehr beherrscht, zeigt kaum Gefühls-regungen.
Konstruktive Aspekte	➤ Regt sich nicht über Kleinigkeiten auf. ➤ Ist bereit, zuzuhören und auf den anderen einzugehen. ➤ Kann die eigenen Gefühle besser kontrollieren. ➤ Überlegt gut, was er sagen will.
Nachteilhafte Aspekte	➤ Hat Schwierigkeiten, Konflikte anzuspre-chen, wartet zu lange ab. Drückt seine Bedürfnisse nicht offen aus, sagt nicht (deutlich), was er will. ➤ Neigt zu Taktiken wie Beleidigtsein, Nörgeln, Manipulation, Intrigen. ➤ Trägt zur Verschleppung und Verschlim-merung von Konflikten bei. ➤ Zieht sich zurück, verliert den Kontakt zum Konfliktpartner. ➤ Unterdrückt Ärger so lange, bis er »explodiert«.

Wie verhalten Sie sich in Konflikten?   **Praxis**

Welchem Konflikttyp würden Sie sich zuordnen?
Überlegen Sie, welche typischen Verhaltensweisen Sie in Konflikten zeigen. Denken Sie an bestimmte Situationen oder bestimmte Personen, mit denen Sie Konflikte hatten. Beschreiben Sie so konkret wie möglich:

- Ihre häufig erste, spontane Reaktion
- Ihre typischen Verhaltensweisen
- Ihre typischen Äußerungen
- Ihre Körpersprache
- Wie wirken Sie wohl auf andere?

Unser Konfliktverhalten ändert sich, je nachdem, mit wem wir es zu tun haben. Vielleicht sind Sie zu Hause impulsiv und drücken Ihre Gefühle offen aus. Im Job trauen Sie sich das nicht und neigen zu defensivem Verhalten. Umso besser: Wenn Sie beide Verhaltensweisen bei sich beobachten, wissen Sie, dass Sie sie prinzipiell im Repertoire haben.

Ihr konstruktives Verhalten in Konfliktgesprächen   **Praxis**

Hilft Ihnen Ihr »natürliches« Verhalten zur Lösung eines Konflikts nicht mehr weiter, so müssen Sie Verhaltensweisen Ihres »Gegentyps« einsetzen. Als defensiver Typ können Sie bestimmte offensive Aspekte bei sich entwickeln: etwa mehr Initiative zu ergreifen, mit lauterer Stimme zu sprechen, Ihre Forderungen deutlich zu formulieren. Als offensiver Typ können Sie lernen, öfter mal zuzuhören oder anderen mehr Raum zu geben. Überlegen Sie sich, durch welche Verhaltensweisen Sie Ihr Konfliktverhalten sinnvoll ergänzen könnten, um Ihr »Repertoire« an konstruktiven Reaktionen zu erweitern.

● Mit welchen Verhaltensweisen tragen Sie zu einer Konfliktklärung bei?
● Mit welchen Verhaltensweisen tragen Sie dazu bei, Konflikte zu verschärfen?
● Welche Anteile Ihres »Gegentyps« wären eine konstruktive Bereicherung für Ihr Konfliktverhalten?

Veränderungen
planen

Veränderungen fangen im Kleinen an. Versuchen Sie bitte nicht, Ihr gesamtes Konfliktmuster umzustellen. Das ist aller Wahrscheinlichkeit nach auch überhaupt nicht nötig. Es geht nicht darum, dass Sie »perfekt« werden. Nehmen Sie sich nicht zu viel (auf einmal) vor. Wählen Sie ein oder zwei bereichernde Verhaltensweisen aus, die Ihnen momentan am sinnvollsten erscheinen. Wenn Sie diese eingeübt haben und in der Praxis umsetzen, können Sie weitere Ergänzungen hinzunehmen.

● Welche nachteiligen Verhaltensweisen wollen Sie aufgeben?
● Welche konstruktiven Verhaltensweisen könnten sie ersetzen?

Veränderungen sind leichter zu bewirken, wenn Sie sich etwas Positives vornehmen. Alle Vorhaben, etwas nicht mehr zu machen, sind enorm schwer umzusetzen. Deshalb ist es so schwierig, mit dem Rauchen, Schokoladeessen oder sonstigen kleineren oder größeren Lastern aufzuhören. An die Stelle des alten Verhaltens, das Sie aufgeben wollen, muss etwas Positives treten, mit dem Sie die Lücke schließen.

Birgit, Leiterin der Buchhaltung einer Unternehmensniederlassung, befand sich immer wieder im Konflikt mit ihren Mitarbeitern. Diese empfanden sie als autoritär und abweisend. Birgit hatte das Gefühl, ihre Mitarbeiter würden sich ständig beklagen, wenn sie sie nicht durch ihre Strenge dazu anhalten würde, sich »am Riemen zu reißen«. Im Coaching hinterfragte sie ihr persönliches Konfliktmuster und stellte fest, dass sie ziemlich konfliktscheu ist. Sie beschloss, stärker auf ihre Mitarbeiter zuzugehen und sich den Problemen offensiver zu stellen. Als erste konstruktive Maßnahme wollte sie ihren Mitarbeitern besser zuhören und ihnen mindestens fünf Fragen zu ihrem Problem stellen. Erst dann wollte sie entscheiden, ob es sich hierbei um eine »Klage« oder einen berechtigten Einwand handle. Durch die Gespräche entspannte sich das Verhältnis zu den Mitarbeitern etwas und sie begann, anhand der zusätzlichen Informationen, die sie durch ihre Fragen gewann, die Anliegen ihrer Mitarbeiter differenzierter zu betrachten.

Tipp

Checkliste: Veränderungen im Verhalten herbeiführen

 Nehmen Sie sich eine (kleine) Veränderung vor: Was wollen Sie anders machen? Wie sieht das konkret aus? Woran merken Sie oder andere, dass Sie etwas anders machen?

Nehmen Sie sich positive Veränderungen vor. Wenn Sie etwas unterlassen wollen, dann ersetzen Sie es durch ein anderes konstruktives Verhalten. Listen Sie auf, was Sie statt des unerwünschten Verhaltens machen wollen.

Überlegen Sie sich, bei welchen Gelegenheiten der nächsten Zeit Sie Ihre neue Verhaltensweise einsetzen können. Probieren Sie das dann auch aus.

Schreiben Sie Ihr Vorhaben auf einen Zettel, den Sie sichtbar irgendwo (in Ihrem privaten Bereich) aufhängen. Dadurch werden Sie immer wieder daran erinnert.

Vereinbaren Sie mit sich einen Zeitraum, in dem Sie Ihre Veränderung umsetzen wollen. Ziehen Sie danach Bilanz: Was hat geklappt? Was nicht? Woran lag es, wenn es nicht geklappt hat? Was müssen Sie möglicherweise im nächsten Schritt anders machen?

Lassen Sie sich durch eine Freundin (oder einen Coach) unterstützen: Erzählen Sie von Ihren Erfahrungen. Besprechen Sie gemeinsam die Gründe für gute oder schlechte Erfahrungen.

Haben Sie Geduld mit sich, wenn nicht alles sofort klappt oder Wirkung zeigt. Gewohntes Verhalten wirft man nicht so leicht über Bord. Vor allem wenn Sie unter Stress sind, ist es schwer, neue Verhaltensweisen beizubehalten.

Exkurs: Das Skript – ein **geheimer Plan** für den Rest des Lebens

Konfliktmuster sind auch deshalb so schwer zu ändern, weil ein geheimer, sehr wirksamer Plan am Werke ist. In den ersten Lebensjahren entwickelt jeder Mensch einen solchen Lebensplan. Er wird zum einen bestimmt durch den individuellen Charakter, zum anderen bewirken die Erfahrungen, die das Kind mit seinen Eltern macht, dass es bestimmte Überzeugungen von sich, den anderen und der Welt im Allgemeinen entwickelt. Beispielsweise: »Ich bin intelligent und liebenswert. Ich kann anderen Menschen vertrauen.« Oder aber: »Ich bin anderen Menschen unterlegen. In Konflikten ziehe ich den Kürzeren.« Diese Überzeugungen verankern sich unbewusst – man richtet sich nach ihnen, ohne dass man weiß, dass sie das Verhalten bestimmen. Besonders in schwierigen Situationen greift man automatisch auf dieses vertraute Muster aus Denken, Gefühlen und Verhalten zurück.

Die These des Lebensplans vertreten inzwischen viele psychologische Theorien. Die Transaktionsanalyse (TA) geht davon aus, dass ein Kleinkind sich bereits in den ersten drei bis vier Jahren für seinen Lebensplan, Skript genannt, »entscheidet«. Die TA spricht absichtlich von einer Entscheidung, denn sie geht davon aus, dass sich der Erwachsene, sofern ihm sein Skript bewusst wird und er daran etwas ändern möchte, neu oder umentscheiden kann. Das kann nötig sein, wenn man als Kind bestimmte Überzeugungen gewonnen hat, die damals für das psychische Überleben notwendig waren, die den Erwachsenen aber in seinen Möglichkeiten einschränken.

Der Lebensplan bezieht sich natürlich auch auf das Konfliktverhalten und die dahinter stehenden Überzeugungen. Schon als Kind lernt man, was von Konflikten zu halten ist; welche Rolle und Strategie man in Konflikten wählt; ob man sich in Konflikten als Gewinner oder als Verlierer definiert. Diese Entscheidungen des Kindes machen durchaus Sinn – es hilft ihm, sich seiner Umgebung anzupassen und Anerkennung zu bekommen. Als Erwachsener jedoch kann einen dieses Konfliktmuster dann enorm einschränken.

Anne hatte einen jüngeren Bruder, der Ärger und Wut sehr deutlich ausdrückte und zum Jähzorn neigte. Sie merkte, dass ihren Eltern dieses Verhalten große Schwierigkeiten machte, und entschied sich intuitiv für das gegenteilige Verhaltensmuster: Sie war angepasst, lieb und unterdrückte meist ihre Wutgefühle. Dafür erhielt sie viel Anerkennung, ihre Eltern waren erleichtert, dass wenigstens sie sich so »umgänglich« zeigte. Als Erwachsene jedoch erwies sich dieses Konfliktmuster für Anne als hinderlich. Es fiel ihr, im Privatleben wie auch im Beruf, sehr schwer, Konflikte mit anderen Menschen auszutragen. Da sie nie gelernt hatte, Ärger angemessen auszudrücken, schwankte ihr Verhalten zwischen Anpassung und kurzen Explosionen, derentwegen sie dann große Schuldgefühle empfand.

Dies ist ein Beispiel, wie sich ein Skript entwickeln kann. Nicht alle Mädchen in einer solchen Konstellation würden genau dieses Konfliktmuster entwickeln. Es kommt auch auf die individuellen Anlagen an, mit welchen Entscheidungen ein Kind auf Konflikte reagiert.

Wenn Sie Ihr Konfliktmuster entscheidend verändern wollen, müssen Sie Ihr Skript kennen und bearbeiten. Das ist ein sinnvoller, aber auch längerer Prozess, den Sie am besten mit professioneller psychologischer Begleitung machen sollten. Im Alleingang ist es schwer, weil das Muster so eingefahren ist. Reines Nachdenken und Kopfentscheidungen à la »Ab morgen mache ich es so und so …« helfen meist nicht weiter. Die Gefühle und ein anderes Erleben mit Menschen sind entscheidend.

Was nicht bedeutet, dass Sie sich jahrelang »auf die Couch« legen müssen. Entsprechende Seminare bieten beispielsweise (durchaus

erschwinglich) das Odenwald Institut bei Frankfurt a.M. (www.
odenwald-institut.de) oder das verwandte Osterberg Institut
(www.osterberg-institut.de) bei Kiel an.

Die **Köder** – was bewirkt, dass Sie in einen Konflikt einsteigen?

Wir alle reagieren auf bestimmte Dinge empfindlich. Ihre Kollegin
macht eine harmlose Bemerkung über Ihre Frisur und Sie sind »auf
180«. Allerdings sind Sie sich unter Umständen nicht bewusst, dass
es Ihre eigene Empfindlichkeit ist, die den Ausschlag für Ihren Ärger
gibt. Wahrscheinlich glauben Sie, die Kollegin wollte Sie provozieren, und sehen die Schuld bei ihr – zu Unrecht. Der Auslöser für Ihren Ärger lag bei Ihnen – und in Ihrer Vergangenheit.

Sie können sich das bildlich vorstellen: Der Auslöser an sich ist
harmlos – ein Wurm, der als Köder an einer Angel hängt. Sind Sie ein
Fisch, dem diese Sorte Würmer nicht schmeckt, oder sind Sie satt –
dann ist der Köder bedeutungslos für Sie. Sie nehmen ihn gar nicht
wahr. Wenn Sie aber Hunger haben, dann schnappen Sie zu – und
schon hängen Sie an der Angel. Die Angel ist die Verbindung in Ihre
Vergangenheit. Sie hat Sie plötzlich wieder am Wickel. Damals haben
Sie Situationen erlebt, in denen dieser Köder der Auslöser für Konflikte war. Die Situation haben Sie heute vergessen, nur auf den Köder springen Sie noch an.

So hatten Sie beispielsweise in der Schule immer wieder Ärger mit
einem Lehrer, der sich immer wieder direkt vor Ihrer Schulbank auf-
baute und Sie von oben herab zurechtwies. Diesen Lehrer haben Sie
längst vergessen. Aber wenn ein Kollege nahe an Ihren Schreibtisch
herantritt und Ihnen »von oben herab« etwas nur annähernd Kritisches sagt, dann bekommen Sie eine Wut, wie Sie sie früher gegenüber dem Lehrer verspürt haben. Vermutlich steht dieser Ärger heute

in keinem Verhältnis mehr zur Situation. Aber mit Ihnen geht einfach der Gaul durch, wenn Ihnen jemand – ohne zu ahnen, was das bei Ihnen auslöst – diesen Köder hinwirft.

Köder, die Sie unbewusst in Konflikte einsteigen lassen, können sein:

- Personen: Gesichtsausdruck, Körperhaltung, Kleidung, bestimmte Gestik
- Reizwörter
- Verhaltensweisen: Schweigen, Ironie,
- Stimmung/Atmosphäre, Gerüche, Stimmlagen, Musik
- Werte: Ordnung, liberale Einstellung, Emanzipation

In einem alten Film verfiel der Hauptdarsteller jedes Mal in Raserei, wenn er das Wort »cleaning woman« hörte – es dauerte eine Weile, bis seine Freundin herausfand, dass sich sein Verhalten nicht auf sie bezog, sondern mit dem Wort und einem entsprechenden Ereignis in der Vergangenheit verknüpft war. Köder für Konflikte können auch bestimmte Werte oder Überzeugungen sein, die im Prinzip völlig in Ordnung sind, aber für Sie selbst mit negativen Assoziationen verbunden sind:

Eine Sozialarbeiterin, die mit jungen Schwererziehbaren arbeitete, lag in einem ständigen Kleinkrieg mit dem Hausmeister des Heims, in dem sie beschäftigt war. Sie hielt ihn für einen Ordnungsfanatiker, der »mit dem Lineal seine Kieselsteine in Reihe harkt und die Grashöhe auf zwei Millimeter hält«. Sie rebellierte ständig gegen ihn und provozierte ihn, etwa indem sie ihr Fahrrad nicht am vorgesehenen Platz abstellte oder absichtlich beim Gehen dicke Schlurfspuren in den Kieswegen hinterließ. Dadurch geriet sie immer wieder in Konflikt mit ihm. Er beklagte sich bitter bei der Heimleitung über sie, bis diese ein extern moderiertes Konfliktgespräch zwischen beiden vorschlug, in das sie einwilligten. Im Gespräch zeigte sie sich überzeugt, dass der Konflikt nur am übertriebenen Ordnungssinn des Hausmeisters lag, der sie »zur Anpassung zwingen« wolle. Schließlich erkannte sie, dass dieser seine Aufgabe zwar sicherlich sehr genau nahm, aber damit keinerlei auf sie bezogene »Erziehungsabsichten« verfolgte. Vielmehr war das Thema »Ordnung« ihr Köder. Aufgrund ihrer eigenen Erziehung und früherer Erlebnisse bedeutete Ordnung für sie »Anpassung«, »Zwang« und »Spießertum«, gegen das sie sich mit kindlicher Rebellion auflehnte.

Praxis

Welches sind Ihre »Konflikt-Köder«?

- Betrachten Sie Konfliktsituationen aus der Vergangenheit: Was war Anlass für Sie, in den Konflikt einzusteigen? Können Sie Motive erkennen, die sich wiederholen? Welches könnten Ihre Köder sein?
- Gibt es Situationen, in denen Sie besonders unverhältnismäßig reagiert haben? In denen Sie sich etwa mehr geärgert, gekränkt gefühlt oder aufgeregt haben, als es der Anlass im Rückblick gesehen eigentlich wert war? Was war Auslöser für Ihre Reaktion?

Umgang
mit Ihren Ködern

Wenn Sie Ihre Konfliktköder kennen, verringert sich die Chance, dass Sie »anbeißen«. Wichtig ist, dass Sie in dem Augenblick, in dem Sie den Köder wahrnehmen, die »Schnur« in die Vergangenheit sehen – und durchtrennen. Wenn Sie »anbeißen«, dann reagieren Sie auf die Vergangenheit. Fragen Sie sich in dem Moment: »Will mein Gesprächspartner wirklich diese Reaktion bei mir auslösen? Oder reagiere ich auf etwas in meiner eigenen Vergangenheit?«

Tipp

Sie können mithilfe kleiner Tricks verhindern, dass Ihr Köder »automatisch« Reaktionen wie Ärger und Frust auslöst. Beispielsweise:

- Köder wahrnehmen – dreimal tief Luft holen – auf die Situation in der Gegenwart reagieren.
- Köder wahrnehmen – sich eine rote Signallampe vorstellen, die grell blinkt – auf die Situation in der Gegenwart reagieren
- Köder wahrnehmen – sich eine riesige Angel vorstellen, an der Sie im Begriff sind anzubeißen – auf die Situation in der Gegenwart reagieren

IHR DRITTER BEITRAG: NEHMEN SIE SICH UND IHRE ANLIEGEN WICHTIG

Um einen Konflikt anzusprechen, brauchen Sie Mut und Selbstbewusstsein. Nur wenn Sie davon überzeugt sind, dass Ihr Anliegen wichtig ist, und Sie selbst in der Lage sind, es zu vertreten, werden Sie ein solches Gespräch auch führen.

Grundsätzlich sind Ihre eigenen Interessen genauso wichtig wie die Ihres Konfliktpartners. In der Theorie weiß das jeder, in der Praxis wird es nur allzu oft ausgeblendet. Frauen neigen meiner Erfahrung nach eher dazu als Männer, die eigenen Interessen und Bedürfnisse hintanzustellen. Sie geraten viel schneller ins Zweifeln, ob ihre Forderungen berechtigt sind. Oder Sie fühlen sich unterlegen und einer Auseinandersetzung nicht gewachsen. Die Gründe dafür sind vielfältig: Das traditionelle Frauenbild spielt sicherlich eine

Rolle, wonach Frauen eher »lieb«, bescheiden, zurückhaltend und kooperativ auftreten sollen. Jahrhundertelange Traditionen und Gesellschaftsformen haben Frauen wenig Chancen gegeben, ihre Konfliktfähigkeit zu trainieren und sich an (positiven) Vorbildern zu orientieren.

Mit welcher Grundhaltung gehen Sie an Konflikte?

Praxis

Selbstbewusstsein hat zwei Seiten: Sie sind von sich selbst überzeugt. Und Sie respektieren andere neben sich und lassen deren (andersartige) Überzeugungen gelten. Testen Sie sich selbst: Mit welcher Grundhaltung begegnen Sie anderen Menschen? Denken Sie vor allem an Ihre Haltung in schwierigen Situationen.

Grundhaltung: +/+	Grundhaltung +/–
➤ Sie nehmen sich ebenso wichtig wie andere.	➤ Sie sind von sich selbst überzeugt, glauben aber, dass mit den anderen etwas nicht in Ordnung ist.
➤ Sie halten andere für vertrauenswürdig.	
➤ Sie haben grundsätzlich eine positive Einstellung zu sich, Ihren Zielen, Ihrer Persönlichkeit sowie zu Ihrer Umgebung.	➤ Sie haben das Bedürfnis, anderen überlegen zu sein und ihnen das zu demonstrieren.
	➤ Sie kritisieren andere schnell und sehen eher deren Nachteile und Fehler als ihre Vorzüge.

Grundhaltung –/+	Grundhaltung: –/–
➤ Die anderen sind für Sie völlig in Ordnung, nur mit Ihnen stimmt Ihrer Ansicht nach etwas nicht. ➤ Sie fühlen sich weniger wert und anderen unterlegen. ➤ Sie sind oft hilflos und anderen ausgeliefert. ➤ Sie idealisieren andere: Bei denen klappt »immer alles«.	➤ Sie halten weder etwas von sich noch von den anderen. ➤ Im Grunde finden Sie das Leben sinnlos. ➤ Sie glauben, dass niemand Ihnen helfen kann, aber dass es auch niemand versuchen wird.

Alle Haltungen werden Ihnen bekannt vorkommen. Betrachten Sie aber bitte nicht eine einzige Situation, sondern denken Sie an verschiedene Situationen, ehe Sie zu einer Schlussfolgerung kommen. Wenn Sie sich ärgern, kann es sein, dass Ihre Haltung +/– ist. Wenn Sie von etwas frustriert sind, dann eher –/+. Es geht hier darum, dass Sie herausfinden, in welchem Quadranten Sie sich überwiegend aufhalten:

● Wenn Sie grundsätzlich eine »+/+«-Haltung haben, dann macht Ihnen Ihr Selbstbewusstsein keine Probleme. Sie nehmen sich und andere wichtig und sind in der Lage, Ihre Ansichten zu vertreten, ohne die der anderen abwerten oder bekämpfen zu müssen.

● Menschen, die hauptsächlich in der »+/–«-Haltung sind, fühlen sich meist sehr stark und selbstbewusst. Aber sie leben im ständigen Vergleich mit anderen und versuchen, möglichst besser als andere dazustehen. Ist dies nicht der Fall, droht ihre Haltung in –/+ zu kippen. Von den Bedürfnissen und Forderungen anderer fühlen sie sich schnell bedroht und bekämpfen diese vehement.

Tendenziell ist dies eine Haltung, die eher Männer einnehmen, da sie nach außen stark und durchsetzungsfähig wirkt. Tatsächlich ist das innere Gleichgewicht instabil, da die Umwelt immer als bedrohlich erscheint und man nie zur Ruhe kommt. In Konflikten treten diese Menschen als Angreifer auf.

- Menschen in der vorwiegenden »–/+«-Haltung ordnen sich unter und trauen sich nicht, für sich einzutreten. In Konflikten reagieren sie eher defensiv und vertreten ihre Interessen kaum. Nur wenn der Ärger oder die Verletztheit darüber, ständig zu kurz zu kommen, überhand nehmen, fallen sie kurzzeitig in die »+/–«-Haltung und klagen andere bitterlich an.

- Menschen mit überwiegender »–/–«-Haltung neigen zum Pessimismus, Zynismus oder zu totaler Weltablehnung. Sie fühlen sich selbst von anderen abgelehnt, lassen aber auch kein gutes Haar an anderen. Es ist schwer, mit ihnen auszukommen oder zusammenzuarbeiten. Diese Haltung ist am destruktivsten von allen vier Grundeinstellungen.

Bereitschaft zur **Kooperation**

Es ist sicherlich einleuchtend, dass die Grundhaltung +/+ nicht nur als Lebenshaltung (mit völlig normalen »Abstechern« in die anderen Quadranten), sondern auch beim Führen von Konfliktgesprächen am meisten weiterhilft. Wenn Sie diese Einstellung haben, dann wollen Sie mit anderen gemeinsam Ziele erreichen und sind bereit, faire Kompromisse einzugehen. Sie fühlen sich von anderen Interessen nicht bedroht, aber auch nicht eingeschüchtert. Nachgeben bedeutet nicht »verlieren«. Wenn Sie sich durchsetzen, haben Sie keinen »Sieg« errungen.

In dieser Haltung begegnen Sie Ihrem Konfliktpartner mit Respekt und vermeiden, ihn persönlich abzuwerten. Sie sehen in ihm einen Menschen, der seine speziellen Stärken und Schwächen hat, mit Vorzügen wie Fehlern. Ebenso sehen Sie sich selbst.

In der »+/+«-Haltung sind Sie bereit, die Berechtigung der Anliegen des anderen zu würdigen. Sie sehen in ihm nicht den Gegner, dessen Forderungen Sie bekämpfen müssen, sondern sind offen, sich auf sein Anliegen, seine Andersartigkeit, seine andere Herangehensweise einzulassen – ohne dass Sie dabei Ihre eigenen Interessen aus dem Auge verlieren.

Konfliktgespräche führen Sie am erfolgreichsten, wenn Sie Ihr Gegenüber nicht als Konfliktgegner, sondern als Konfliktpartner betrachten. Ihr Konflikt ist ein gemeinsames Problem, das es gemeinsam zu lösen gilt. Sie sind bereit, nach einer Lösung zu suchen, die beiden Seiten gerecht wird.

Sabine, Mitarbeiterin in einem Lebensmittelkonzern, bewarb sich auf eine Führungsposition im Unternehmen, die sie auch bekam. Ihre fünf neuen Mitarbeiter waren eine eingeschworene Truppe mit einer ausgeprägten »Prosecco-Kultur«. Jede Gelegenheit wurde wahrgenommen, um gemeinsam mit einem Gläschen anzustoßen. Sabine nahm von Anfang an Anstoß an dieser »Feierei«, äußerte sich abfällig darüber und nahm demonstrativ nie daran teil, nicht einmal an Geburtstagen. Sie konnte den kleinen Feiern keinerlei positive Aspekte abgewinnen. Dahinter steckte allerdings eine tiefe Angst, von den Mitarbeitern nicht mehr respektiert zu werden, wenn sie sich »auf ihr Niveau« herabließe. Ihre Haltung schwankte beständig zwischen +/– (so trat sie nach außen auf) und –/+ (so empfand sie oft innerlich). Folge waren heftige Konflikte mit ihren Mitarbeitern, die sich nach und nach auf die gesamte Zusammenarbeit auswirkten.

Frauen befinden sich meiner Erfahrung nach eher im »–/+«-Quadranten, Männer eher in der »+/–«-Haltung – für beide Verallgemeinerungen gibt es natürlich Gegenbeispiele. So unterschiedlich das Verhalten in den beiden Quadranten ist – hinter beiden Haltungen steckt mangelndes Selbstbewusstsein. In der »–/+«-Haltung ist dies

Wie gewinnen Sie mehr Selbstbewusstsein?

nur offensichtlicher. Aber auch wer andere abwertet, um sich gut zu fühlen, hat es offensichtlich »nötig«. Wenn Sie bisher überwiegend im Quadranten –/+ oder +/– waren, dann wechseln Sie nicht per »Kopfentscheidung« plötzlich in +/+. Denn dazu gehört ein besseres Selbstbewusstsein und das bekommt man nicht per Beschluss.

Selbstbewusstsein beruht auf den positiven Erfahrungen, die Sie im Laufe Ihres Lebens machen – und nur auf diesem Weg können Sie es auch verbessern. Die Anerkennung, die Sie von anderen Menschen für Ihr Handeln und Ihre Persönlichkeit erhalten, bestimmen letztlich auch das Selbstbild, das Sie von sich gewinnen. Deshalb können Sie Ihr Selbstbewusstsein vor allem im Kontakt mit anderen heben. Indem Sie von Menschen, die Ihnen wichtig sind und die Einfluss auf Sie ausüben, für Ihre Art, Ihr Verhalten, Ihre Ansichten oder auch Ihr Aussehen Anerkennung bekommen.

Tipp

Was können Sie tun, wenn Sie Ihr Selbstbewusstsein stärken wollen?

● Lassen Sie sich regelmäßig Feedback von Freunden geben: Vereinbaren Sie mit Menschen, deren Urteil Ihnen viel bedeutet, dass sie Ihnen regelmäßig positives Feedback geben. Also alles das aufzählen (so konkret wie möglich), worin sie Ihre Stärken, Ihre Vorteile und Ihre positiven Seiten sehen. Das können Sie verstärken, indem Sie diese Übung auch regelmäßig alleine machen. Das ist ungewohnt, denn wir finden es »normal«, uns negativ zu kritisieren und den Fokus auf unsere Schwächen zu legen. (Ein Grund, warum uns unsere Stärken oft nicht bewusst sind!) Wenn Sie das über einige Zeit durchhalten, werden Sie anfangen, an Ihre starken Seiten zu glauben, anders auftreten und dadurch weitere positive Erfahrungen machen.

● Suchen Sie sich einen Mentor/eine Mentorin: Ein Mentor ist eine Person, die Ihnen berufliche Erfahrungen voraus hat. Sie treffen sich über ein oder zwei Jahre in regelmäßigen Abständen und besprechen berufliche Themen, Karrierestrategien, persönliche Entwicklung. Mentees melden immer wieder zurück, dass sie durch diesen Prozess enorm an Selbstbewusstsein gewonnen haben.[6]

● Lassen Sie sich coachen: Ein Coach hat das psychologische Know-how, um mit Ihnen, ausgehend von konkreten beruflichen Situationen, an Ihren grundlegenden Überzeugungen und Haltungen zu arbeiten und positive Veränderungen zu erzeugen. Meist kann man in einigen Coachingstunden eine Menge für sich klären und Veränderungen einleiten.[7]

Wenn Sie sich selbst mehr schätzen, können Sie auch andere Menschen anerkennen. Der Weg in die »+/+«-Haltung führt über eine realistische Selbsteinschätzung, in der weder die eigenen Stärken noch die eigenen Schwächen übertrieben gesehen werden.

Sabine besprach die Probleme mit ihren Mitarbeitern mit einer Supervisorin. Sie arbeiteten zunächst daran, was Sabine in ihren eigenen Augen zu einer guten Chefin machen würde, die sich bei ihren Mitarbeitern Respekt verschaffen könnte. Nachdem sie ihre eigenen Stärken und Vorzüge besser würdigen konnte, fühlte sie sich von dem Zusammenhalt ihrer Mitarbeiter nicht mehr so stark in Frage gestellt. Sie sah sie in differenzierterem Licht und hörte auf, sie abzuwerten und zu bekämpfen – was der wesentliche Schritt für eine allmähliche Besserung der Situation war.

IHR VIERTER BEITRAG: KLÄREN SIE, WAS SIE ERREICHEN WOLLEN

Was wir nicht wollen, ist uns meistens klar: Stress, Ärger, Eskalation eines Konflikts. Was wir allerdings stattdessen erreichen wollen, ist meist nur als vage Vorstellung vorhanden: dass der andere kooperiert; dass die Kollegin nicht mehr nervt; mehr Freizeit, mehr Geld, bessere Informationen ... Aber was bedeutet das konkret? Was heißt es beispielsweise, wenn Sie sich ein »gutes Betriebsklima« wünschen? Was verstehen Sie darunter? Was verbinden Ihre Kollegen mit dem Begriff? Woran erkennen Sie und andere, dass sich das Klima tatsächlich verbessert hat?

Viele Menschen gehen ohne konkrete Ziele in ein Konfliktgespräch. Kein Wunder, wenn dann dabei keine befriedigenden Ergebnisse erzielt werden. Deshalb ist es sehr wichtig, dass Sie sich zunächst einmal selbst Klarheit darüber verschaffen, was Sie eigentlich erreichen wollen. Das ist manchmal schwerer, als man meint.

Eric, Leiter einer sozialen Einrichtung, war mit der Arbeit seiner Mitarbeiterin Karin nicht zufrieden. Sie beantwortete Anfragen nachlässig, gab Informationen nicht weiter, sprach sich bei Mittagspausen nicht mit anderen ab und zeigte auch anderweitig unkooperatives Verhalten. Gespräche mit ihr, in denen er das Verhalten bemängelte, blieben ohne Ergebnisse. Nicht zuletzt, weil Eric sehr im Allgemeinen blieb und nicht »wie ein Bürokrat« auf einzelnen Verhaltensweisen herumreiten wollte.

Im Coaching fand er unter anderem heraus, dass er nie klar formuliert hatte, welches konkrete Verhalten er von Karin erwartete. Er formulierte Ziele wie »kooperatives Verhalten«, »mehr Abstimmung mit den anderen«, »den Informationsfluss aufrechterhalten«. Diese Erwartungen waren so allgemein, dass Karin möglicherweise tatsächlich nicht verstanden hatte, was er von ihr wollte. Zumindest ließ er ihr viel Spielraum, den sie in ihrem Sinne auslegte.

Deshalb formulierte er im Coaching seine Erwartungen an sie so eindeutig wie möglich – was kein leichter Prozess war. Denn jetzt musste er sich selbst klar machen, was er eigentlich von ihr wollte. Er kam zu Formulierungen wie: »Stimmen Sie jede Ihrer Mittagspausen mit Frau XY und Herrn Z ab. Einer von Ihnen muss immer im Büro sein, auch während der Mittagszeit.« Oder: »Jede Anfrage soll innerhalb von drei Tagen beantwortet sein. Wenn Sie das nicht schaffen, sprechen Sie umgehend mit mir.« Jetzt wusste Karin nicht nur, was er genau von ihr erwartete. Er konnte auch selbst klarer beurteilen, ob sie seine Anweisung befolgte oder nicht, und früher Konsequenzen ergreifen.

Die eigenen Erwartungen, Wünsche, Forderungen, Bitten oder Ziele klar zu formulieren hat also einen doppelten Vorteil:

● Sie wissen selbst, was Sie wollen – oder finden es auf diesem Weg heraus. Sie können hinterfragen, ob Ihre Erwartungen realistisch sind oder ob Sie etwas an ihnen ändern müssen, weil abzusehen ist, dass andere sie nicht erfüllen können.

● Andere erfahren, was Sie von ihnen erwarten. Sie werden einschätzbarer. Die anderen können beurteilen, ob diese Erwartungen mit ihren eigenen in Einklang zu bringen sind oder nicht.

Checkliste: Ziele für ein Konfliktgespräch bestimmen

- Überlegen Sie sich, welches Ihr Ziel in diesem Konfliktgespräch ist.
- Formulieren Sie dieses Ziel ganz konkret.
- Streichen Sie alle Wörter und Wendungen heraus, die Ihr Ziel verwässern oder unkonkret machen – also Wörter wie »eigentlich«, »vielleicht«, »irgendwie«, »mal«, »bald«.
- Skizzieren Sie, woran Sie merken, dass Sie das Ziel erreicht haben.
- Erwägen Sie die Konsequenzen Ihres Ziels für sich selbst: Ihren Beitrag, Ihre Investition, Folgen für Ihre Person und Ihre Arbeit.
- Vertreten Sie das Ziel selbst oder kommen Sie damit Anforderungen/Wünschen aus Ihrem Umfeld nach? Ziele, hinter denen Sie nicht selbst stehen, werden Sie nicht/nur mit Schwierigkeiten erreichen.
- Formulieren Sie klar, was Sie vom anderen erwarten.

Wünsche und Bitten
versus Anweisungen

Machen Sie sich für Ihr Konfliktgespräch klar, ob Sie eine Bitte oder einen Wunsch an jemanden haben – oder in der Position sind, eine Anweisung zu geben.

Richten Sie eine Bitte oder einen Wunsch an jemanden, so kann er dieser nachkommen oder nicht: »Würdest du bitte die Tür leiser zumachen. Ich erschrecke jedes Mal, wenn ich in meiner Arbeit versunken bin.« Eine Bitte ist aber keine Anweisung und es besteht keine Garantie, dass der Wunsch erfüllt wird. Dennoch haben Sie klar gesagt, was Sie wollen. Meistens sind wir in der Situation, ausschließlich Bitten und Wünsche an andere zu richten.

Wenn Sie dagegen als Chefin in einer Position sind, eine Anweisung zu geben, der Ihr Mitarbeiter nachkommen soll, dann machen Sie das deutlich: »Überarbeiten Sie diesen Bericht, da sind zu viele Rechtschreibfehler drin. Ich brauche ihn morgen früh fertig überarbeitet.« Das können Sie in freundlichem Ton sagen. Aber nicht mit verwässernden Floskeln wie »würden Sie bitte«, »könnten Sie«, »wenn Sie es schaffen«. Sondern: »Bitte übernehmen Sie heute um 15 Uhr den Kundentermin mit Herrn Müller und geben Sie mir anschließend einen Bericht darüber.« Da ist zwar auch ein höfliches »bitte« dabei, aber die Formulierung lässt keinen Zweifel, dass es sich um eine Anweisung handelt.

Kapitel 2

Beziehungen pflegen auch in Konflikten

Lisa und Judith, zwei Kolleginnen, können sich nicht darüber einigen, ob die Tür zu ihrem gemeinsamen Zimmer offen oder geschlossen sein soll. Lisa will Ruhe bei der Arbeit, Judith Offenheit nach außen signalisieren. Je länger sich der Konflikt hinzieht, desto mehr Emotionen spielen mit. Bei beiden kommt Ärger auf, dem sie mit indirekten Bemerkungen und Andeutungen Luft machen. Jede fühlt sich verletzt und beäugt die andere kritisch. Allmählich weitet sich der Streit auf andere Aspekte der Zusammenarbeit aus, bis beide meinen, es nicht mehr mit der anderen im gleichen Zimmer aushalten zu können.

Sachliche Konflikte weiten sich aus

Wahrscheinlich kennen Sie dieses Phänomen: Zieht sich eine sachliche Differenz hin, überträgt man sie auf die Person der Konfliktpartnerin. Sie finden die andere immer unausstehlicher. Deren schrilles Lachen geht Ihnen auf die Nerven. Wenn Sie daran denken, dass Sie ihr am nächsten Tag in der Arbeit wieder begegnen, überfällt Sie schlagartig schlechte Laune. Und schon hat sich ein Konflikt um eine Sachfrage zu einem Beziehungskonflikt ausgeweitet. Ist es erst einmal so weit, dass man sich gegenseitig nicht mehr riechen kann, wird es wesentlich schwieriger, den Konflikt ohne Hilfe von außen zu lösen.

Doch stellen Sie sich vor, Sie verhalten sich genau entgegengesetzt: Sie haben einen Konflikt um eine Sachfrage und bemühen sich gerade deshalb intensiv um eine gute Beziehung zur Konfliktpartnerin. Sie erhöhen damit Ihre Chancen, rasch zu einer Einigung zu gelangen, enorm. Menschen sind viel eher zum Einlenken in Konflikten bereit, wenn sie ihr Gegenüber sympathisch finden oder akzeptieren und eine persönliche Beziehung entstanden ist. Dann wird Nachgeben nicht als Gesichtsverlust empfunden. Beide Seiten achten stärker darauf, dass »Win-Win-Ergebnisse« erzielt werden, also beide von einem Kompromiss profitieren. Und beide werden sich darum bemühen, den Konflikt nicht auf andere Felder der Zusammenarbeit auszuweiten.

Wie wollen Sie in Zukunft **miteinander** umgehen?

Im Konflikt geht es um mehr als nur die strittige Sache. Es geht auch um die Frage: Wie werden wir in Zukunft miteinander umgehen? Es geht um die Beziehung als Basis für die Zusammenarbeit. Im Beruf müssen Sie mit den Menschen Ihres Umfelds klarkommen. Sonst leidet Ihre Arbeit darunter – und Ihre Motivation.

Lisa und Judith sind so von ihrem Konflikt absorbiert, dass sie sich immer schwerer auf die Erledigung ihrer Arbeit konzentrieren können. Die effektive Zusammenarbeit mit Kollegen und Kunden leidet, die gemeinsamen Arbeitsziele werden nicht erreicht. Die Atmosphäre ist permanent gespannt, jedes falsche Wort kann das Fass zum Überlaufen bringen. Persönlich kostet das beide viel Energie und Nerven. Lisa setzt die Situation so zu, dass sie schlecht schläft und häufig unter Kopfschmerzen leidet. Judith verbringt Stunden damit, um den Konflikt mit Lisa mit ihren Freundinnen zu besprechen. Der berufliche Konflikt hat immer mehr Folgen für das Privatleben.

Die Beziehung in Konfliktgesprächen zu berücksichtigen bedeutet immer, im Auge zu behalten, dass Sie auch künftig mit dem Konfliktpartner zusammenarbeiten (oder Geschäfte machen, ein Zimmer teilen) wollen. Der Konflikt darf sich nicht auf andere Bereiche der Zusammenarbeit ausweiten, in denen Sie sich vorher einig waren.

Nur um das Konfliktpotenzial in Ihrer Abteilung zu verringern, brauchen Sie aber nicht mit allen Kollegen Freundschaften zu pflegen. Beziehung hat (in diesem Kontext) nichts mit »Mögen« oder »Vitamin B« zu tun. Beruflich gute Beziehungen zu führen bedeutet, mit anderen möglichst offen, respektvoll und kooperativ zu kommunizieren und sie in ihrer Andersartigkeit zu akzeptieren. Zu Menschen, die uns ähnlich sind, haben wir meist schnell einen guten Draht. Schwierig wird es mit denen, die sich von uns unterscheiden. Sei es in ihren Werten, Überzeugungen und Zielen oder in ihrem Temperament, ihrer Kultur oder ihrem Geschlecht. Was anders ist, lehnen wir unwillkürlich erst einmal ab, um das eigene Weltbild zu schützen. In der Theorie ist uns das natürlich bewusst – in der Praxis verhalten wir uns dennoch oft so.

Was bedeutet Beziehungspflege?

Respektieren heißt nicht: mögen

Je unsympathischer Ihnen eine Person ist, desto schwieriger wird es, sie im Konfliktfall nicht abzuwerten. Aber respektieren heißt nicht: mögen. Sie können durchaus Distanz bewahren. Letztlich geht es darum anzuerkennen, dass die andere Person die gleichen Rechte hat, wie Sie selbst:

- Das Recht, andere Überzeugungen, Ziele, Vorgehensweisen oder Ideen zu haben
- Das Recht, Fehler zu machen, sich unangemessen zu verhalten
- Das Recht, aus Irrtümern und Fehlern zu lernen und sich in ihrer Persönlichkeit weiterzuentwickeln

Es geht darum, anderen Menschen mit der im vorangegangenen Kapitel beschriebenen Grundhaltung »+/+« zu begegnen (siehe Seite 51 ff).

Beziehung und Sache trennen

Auch in guten Arbeitsbeziehungen kommt es zu Unstimmigkeiten und Konflikten. Aber sie lassen sich leichter bereinigen, wenn Wertschätzung für die Person des anderen spürbar ist. Wer sich nicht persönlich angegriffen fühlt, kann sich leichter auf die Sache konzentrieren. Die Forderung, in Konflikten Beziehung und Sache zu trennen, bedeutet also nicht, sich betont sachlich zu geben und die eigene Person bewusst herauszuhalten. Damit würden Sie die Beziehung zum Konfliktpartner ausklammern. Beziehung und Sache trennen bedeutet, dass Sie einen sachlichen Konflikt nicht auf die Person Ihres Konfliktpartners übertragen.

Wie **fördern** Sie Beziehung?

Was können Sie tun, um die Beziehung zu einem anderen Menschen auch im Konfliktfall zu fördern? Ich halte folgende Aspekte, auf die ich in diesem Kapitel ausführlicher eingehen werde, für grundlegend und hilfreich:

1. *Anerkennung geben*: Menschen wollen anerkannt werden: für ihre Leistungen, aber auch als Mensch. Gewähren Sie Ihrem Konfliktpartner für seine Person und für sachliche Aspekte, die Sie anerkennen können, Respekt. Das bewirkt Öffnung und Entspannung in der Beziehung.
2. *Verständnis für die Konfliktpartner entwickeln*: Setzen Sie sich die Brille des anderen auf. Durch sie sieht die Welt anders aus. Aus dem Blickwinkel Ihres Konfliktpartners verstehen Sie dessen Verhalten, Reaktionen und Forderungen besser. Damit laden Sie ihn ein, auch durch Ihre Brille zu blicken. Das gegenseitige Verständnis verbessert die Beziehung.
3. *Die Motive erkennen*: Schauen Sie statt auf die nach außen vertretene Position auf die dahinter liegenden Motive, Gründe und Interessen. Sie sind meist viel differenzierter und vielschichtiger als die starre Position. Sie erkennen Gemeinsamkeiten und stellen unter Umständen fest, dass Sie so weit gar nicht auseinander liegen. Das erweitert das Spektrum möglicher Lösungen.
4. *Gefühle (angemessen) zeigen*: Unterdrücken Sie Ihre Gefühle nicht. Im beruflichen Umfeld wird Ihnen meist Sachlichkeit abverlangt. Gefühle zu zeigen (außer Freude), ist eher verpönt. Konflikte sind aber Gefühlssache: Sie ärgern sich, Sie lassen sich »herunterziehen«, Sie gehen traurig und frustriert nach Hause. Heruntergeschluckte Gefühle sind die beste Garantie für eine Eskalation des Konflikts – und für eine Ausweitung des Konflikts

auf die Beziehungsebene. Irgendwann können Sie nicht mehr an sich halten, explodieren und richten in der Beziehung Schaden an. Deshalb ist es wichtig, die eigenen Gefühle im Konflikt angemessen auszudrücken und dies auch der Konfliktpartnerin zuzugestehen.

5. *Regelmäßiges Feedback*: Beziehungen werden stabil, wenn man weiß, was der andere über einen denkt und fühlt. Führen Sie mit den Menschen, mit denen Sie zusammenarbeiten, Gespräche darüber, wie gut die Zusammenarbeit ist.

ANERKENNUNG GEBEN

Das Schlüsselwort in der Beziehungspflege heißt Anerkennung. Wir alle wollen von anderen anerkannt und respektiert werden, und zwar nicht nur für unsere Leistungen, sondern auch als Mensch. Wenn Ihr Chef stets nur die Leistungen lobt, werden Sie das Gefühl bekommen: »Der mag mich nicht. Der benutzt mich nur.«

Nicht nur das Kritische benennen

Sie möchten nicht nur in Ihrer beruflichen Funktion gesehen werden. Sie wollen auch in Ihrer Identität bestätigt sein und das Gefühl haben, als Persönlichkeit vom Chef angenommen und akzeptiert zu werden. Das gibt Sicherheit und ermöglicht, mit Energie, Konzentration und Motivation bei der Arbeit zu sein. In einer solchen Beziehung werden Sie den Mut haben, auch Kritisches anzusprechen oder anzuhören.

In Konfliktgesprächen ist Anerkennung besonders wichtig. Sachliche Gegensätze werden, wie dargestellt, leicht auf die Person übertragen. Alles, was Sie eigentlich am anderen schätzen oder anerkennen, wird im Konflikt vergessen und bleibt unerwähnt. Stattdessen steht nur noch im Raum, was Sie beide voneinander trennt. Kein Wunder, wenn das entfremdet und auch verunsichert.

> Abteilungsleiter Erwin besprach mit seiner Mitarbeiterin Helga, was bei einer Veranstaltung, die sie organisiert hatte, nicht gut gelaufen war. Zur Sprache kamen nur die kritischen Aspekte. Was gut lief, blieb unerwähnt. Helga ging völlig verunsichert aus dem Gespräch: Was dachte der Chef jetzt von ihr? Wie bewertete er ihre Kompetenzen? Schätzte er sie persönlich noch? Die Beziehung zwischen beiden war erst einmal getrübt – weil die nötige Anerkennung von Seiten des Chefs gefehlt hatte.

Wenn Sie in einem Konfliktgespräch das Gefühl bekommen, der Konfliktpartner schätzt Sie nicht mehr grundsätzlich, dann verunsichert Sie das höchstwahrscheinlich. Egal, ob Sie mit einem »Jetzt erst recht« oder mit Selbstzweifeln reagieren, es lenkt Sie vom eigentlichen Thema ab. Sie sind innerlich mit sich und der Beziehung zum anderen beschäftigt. Welche Lösung auch immer Sie für die Sachfrage finden: Auf der Beziehungsebene bleiben Vorbehalte zurück.

Deshalb ist es gerade in Konfliktgesprächen wichtig, dass Sie neben der eigentlichen Auseinandersetzung nicht vergessen, Anerkennung zu geben. Damit stabilisieren Sie die Beziehung. Und Sie tragen dazu bei, dass Ihr Gegenüber sich öffnet und mit seiner Aufmerksamkeit beim Thema bleibt.

Es gibt zwei Formen, wie Sie Anerkennung zollen können[8]:

- *Unbedingte Anerkennung*: Sie bezieht sich auf die Person und den Menschen als Ganzes: »Ich schätze Sie.« »Ich arbeite gerne mit Ihnen zusammen.« »Ich mag Sie.« »Schön, Sie zu sehen.« »Sie sind für das ganze Team ein Gewinn.«

- *Bedingte Anerkennung*: Sie bezieht sich auf konkrete Leistungen, Eigenschaften, Verhaltensweisen: »Diese Arbeit haben Sie sehr gut erledigt.« »Sie können prima am Telefon mit Kunden umgehen.« »Ihre freundliche Art kommt im Team gut an.« »Sie haben gute Leistungen im letzten halben Jahr gezeigt.«

Generell gilt: Die Mischung macht's. Nur unbedingte Anerkennung zu geben, ist im Beruf viel zu intim und wäre unangemessen. Ausschließlich bedingte Anerkennung wäre zu wenig – der andere würde sich als Mensch nicht geschätzt fühlen, sondern nur in einzelnen Aspekten. Wenn Sie anderen Anerkennung geben wollen, tun Sie deshalb gut daran, ganz bewusst beide Arten zu vermischen. Bleiben Sie dabei aber authentisch. Übertriebene »Lobhudelei« ist ebenso wenig glaubwürdig wie unaufrichtige Lobpreisungen. Wenn Ihnen Ihr Konfliktpartner unsympathisch ist, dann sagen Sie ihm auch nichts Nettes zur Person, das klingt nach unehrlicher Schmeichelei. Es ist aber möglich, auch solchen Menschen bedingte Anerkennung für einzelne Aspekte ihres Verhaltens zu geben. Bei den meisten Menschen fällt Ihnen mit Sicherheit auch etwas zur Person ein.

Anerkennung können Sie verbal geben. Beispielsweise:

- »Mir bedeutet die gute Beziehung, die wir hier haben, sehr viel.«
- »Ich schätze Sie sehr und bin an einer guten Zusammenarbeit mit Ihnen interessiert.«
- »Ich freue mich, dass wir bisher so gut miteinander ausgekommen sind.«

Sie können aber auch nonverbal Anerkennung geben:

- durch Ihre Mimik: Lächeln, freundlicher Gesichtsausdruck, in die Augen schauen
- durch Ihre Körperhaltung: zugewandt, offen
- durch Gesten: Händeschütteln, Schulterklopfen, Umarmung (je nachdem, was dem Kontext und der Beziehung angemessen ist)

- durch höfliche Konventionen: jemanden an die Tür begleiten, etwas anbieten, Platz nehmen lassen (ohne dass der Schreibtisch Sie trennt)
- durch die Zeit, die Sie sich für jemanden nehmen; indem Sie dafür sorgen, nicht von außen im Gespräch gestört zu werden.

Wenn Ihr Konfliktpartner sich von Ihnen anerkannt fühlt, ist es weniger wahrscheinlich, dass er einen Angriff startet oder sich zurückzieht und verteidigt. Er nimmt wahr, dass Sie – trotz des bestehenden Konflikts – ihn als Mensch anerkennen beziehungsweise die positiven Aspekte der Zusammenarbeit würdigen. Das entspannt die Atmosphäre und erhöht die Bereitschaft, sich auf eine differenzierte Auseinandersetzung einzulassen.

Praxis   Was können Sie beim anderen anerkennen?

Überlegen Sie sich vor Ihrem nächsten Kritikgespräch:

- Was können Sie bei Ihrem Konfliktpartner menschlich anerkennen? Welche unbedingte Anerkennung können Sie ihm authentisch und mit gutem Gefühl geben?
- Wofür können Sie ihm bedingte Anerkennung zollen?

Und wenn der andere
keine Anerkennung gibt?

Natürlich wollen Sie nicht nur Anerkennung geben, sondern diese auch selbst vom Konfliktpartner bekommen. Schließlich muss die Beziehung auch von seiner Seite bestätigt werden. Wenn Sie den Anfang machen, gehen Sie immerhin mit gutem Beispiel voran. Die meisten Menschen geben Lob und Anerkennung zurück, wenn sie diese selbst bekommen. Wenn nicht, bleibt Ihnen immer noch die Möglichkeit, ganz gezielt danach zu fragen:

- »Gibt es auch Dinge, die Sie gut finden?«
- »Ich würde gerne wissen, wie Sie unsere Zusammenarbeit außerhalb dieses Konflikts bewerten.«
- »Abgesehen von unserem unterschiedlichen Verständnis von Ordnung im Büro: Wie siehst du unsere Beziehung/unsere Zusammenarbeit?«

Das ist kein »fishing for compliments«. Es besteht ja auch die Möglichkeit, dass die andere Seite wenig positive Aspekte findet. Das ist zwar nicht angenehm, zeigt aber dann den Zustand der Beziehung und kann für Sie Anlass zu weiteren klärenden Gesprächen sein.

Meist ist es so, dass Ihr Konfliktpartner einfach nicht daran denkt, Ihnen positives Feedback zu geben. Die Einstellung, dass die Abwesenheit von Kritik gleichbedeutend mit Lob ist, ist leider weit verbreitet. Betrachten Sie Ihre Fragen nach anerkennenswerten Aspekten ganz einfach als Chance, die Sie ihm bieten, auch auf Positives einzugehen und so die Beziehung zu Ihnen zu verbessern.

Und letztlich: Denken Sie an Ihre eigenen Bedürfnisse und Ihren Energiespeicher. Wenn Sie Anerkennung brauchen, dann holen Sie sich welche! Das ist völlig in Ordnung und sehr vernünftig. Sonst sammeln sich bei Ihnen innerlich Ärger oder Enttäuschung an, weil Sie sich nicht geschätzt fühlen.

Bei manchen
dauert's **länger**

Die meisten Menschen sind bereit, auf »Einladung« hin Anerkennung zu äußern und damit die Beziehung zu festigen. Bei manchen Menschen dauert das allerdings länger, erwarten Sie nicht eine unmittelbare Wirkung.

> Elke, eine Juristin in der Rechtsabteilung einer Stadtverwaltung, lag in ständigem Konflikt mit der Leiterin der Personalabteilung. Abgesehen von arbeitsrechtlichen Fragen ging es vor allem um die Art und Weise, wie die Leiterin sich gegenüber der gesamten Rechtsabteilung verhielt: fordernd, uneinsichtig, unfreundlich. Mit viel Geduld blieb Elke stets freundlich, äußerte Verständnis für die einzelnen Probleme, zollte Anerkennung für minimale positive Bemühungen der Personalleiterin und lud diese immer wieder zu kooperativem Verhalten ein. In der Sache blieb sie bei ihren meist gegensätzlichen Positionen und versuchte bei der Leiterin, Verständnis für ihre juristische Sicht zu erwecken. Nach mehreren Monaten (!) entspannte sich das Verhältnis und die Leiterin konnte aussprechen, dass sie Elkes Bemühen um ein gutes Einvernehmen schätze. Es dauerte aber gute zwei Jahre, bis das Verhältnis zwischen beiden kooperativ und freundlich wurde.

Manche Menschen sind es so gewohnt, kritisiert und abgewertet zu werden, dass sie es nicht wahrnehmen und ausblenden, wenn Sie ihnen positive Anerkennung geben. Oder sie vermuten dahinter Berechnung und warten nur darauf, dass Sie Ihr »wahres« Gesicht zeigen. Die Wirkung einer anerkennenden Grundhaltung wird sich dann bemerkbar machen, wenn es Ihnen gelingt, konstant dabei zu bleiben, auch wenn Sie zunächst keine Anerkennung zurückbekommen.

VERSTÄNDNIS FÜR KONFLIKTPARTNER

Häufig kommen wir in Konfliktgesprächen zum Schluss: »Der andere versteht mich einfach nicht!« Seltener stellen wir uns die Frage: »Verstehe ich eigentlich, was der andere will?« In der Annahme, Recht zu haben oder die bessere Lösung zu kennen, sind wir darauf fixiert, den anderen zu überzeugen. Wir lassen uns von den eigenen verletzten oder wütenden Gefühlen mitreißen und vergessen, dass die Gefühle des Konfliktpartners vielleicht auch gelitten haben.

Wenn beide Seiten stur ihre Positionen vertreten, kann dabei nicht viel herauskommen. Beide konzentrieren sich nur darauf, mit noch schlagkräftigeren Argumenten und noch besseren Beispielen ihre Ansicht zu untermauern. Bereits Gesagtes wird in endlosen Schleifen wiederholt. Oder eine Seite monologisiert in der Hoffnung, endlich ein erlösendes Nicken beim anderen zu bewirken – während dieser längst »abgeschaltet« hat und wütend oder beleidigt schweigt.

Win-Win-Lösungen beruhen auf gegenseitigem Verständnis

In Konflikten gibt es zwei Möglichkeiten der Klärung:

- Eine Seite setzt sich durch und ist der Gewinner: Es findet kein Austausch der Perspektiven statt, das Verständnis füreinander fehlt – mit allen erwähnten Folgen für die Beziehung. Der Konflikt bleibt bestehen.

- Win-Win-Lösungen: Beide Seiten stimmen einem Kompromiss zu. Dazu müssen sie sich in ihren Positionen annähern. Voraussetzung dafür ist, dass sie diese verstehen.

Verständnis für die Position der Gegenseite wird gerne mit deren Anerkennung verwechselt – und deswegen tunlichst vermieden. Verstehen bedeutet aber nicht: zustimmen. Beim Verstehen geht es nur um die beiden Aspekte:

1. Wie sieht der Konfliktpartner die ganze Sache eigentlich?
2. Aus welchen Gründen sieht er es so und nicht anders?

Blick über die Mauer – die **andere Perspektive** einnehmen

Selbst wenn Ihnen jemand intensiv zugehört hat, wissen Sie noch nicht, ob er tatsächlich das verstanden hat, was Sie meinten. Wir ordnen alle Informationen auf der Grundlage unserer eigenen Erfahrungen ein. Wenn Ihnen die Kollegin erzählt: »Heute hatte ich eine heftige Auseinandersetzung mit dem Chef«, haben Sie automatisch dazu Assoziationen und innere Bilder. Sie stellen sich vor, wie beide sich heftige Wortwechsel geliefert haben oder wie der Chef Ihre Kollegin kräftig heruntergeputzt hat. Vielleicht ist Ihnen das selbst passiert. Tatsächlich meinte sie aber, dass sie mit ihm eine Stunde lang intensiv über unterschiedliche Vorgehensweisen diskutiert hat, bis sie einen gemeinsamen Weg finden konnten.

Meistens nehmen wir an, dass unsere Gesprächspartner die gleichen Bilder und Vorstellungen vor Augen haben wie wir. Sehr häufig ist das aber nicht der Fall – und Anlass zu Missverständnissen und Konflikten.

Zwei Kolleginnen, Katharina und Petra, sollten gemeinsam ein Betriebsfest organisieren. Katharina schlug umgehend eine praktische Aufteilung der anfallenden Aufgaben vor. Petra war darüber völlig konsterniert und hatte das Gefühl, Katharina wolle nicht mit ihr zusammenarbeiten. Im Gespräch darüber stellten sie fest, dass sie ganz unterschiedliche Auffassungen von Kooperation und etwas »gemeinsam organisieren« hatten: Während Katharina darunter eine praktische Ergänzung verstand, bei der jede, so weit möglich, selbstständig über anfallende Fragen entscheidet, ging Petra davon aus, dass alle Aspekte des Betriebsfests gemeinsam besprochen und entschieden und erst dann von ihr oder Katharina umgesetzt würden.

Anderes Beispiel: Was verstehen Sie unter »Karriere machen«? Ich stelle diese Frage oft Seminarteilnehmerinnen und bekomme die unterschiedlichsten Antworten: von einer »Position in der Vorstandsetage« über »Führungsverantwortung jeder Art«, »Verwirklichung eigener Ziele« bis zu »Halbtagsjob neben der Familie« – jede definiert den Begriff Karriere aufgrund ihrer Lebensumstände und -erfahrungen.

Verstehen können Sie einen Konfliktpartner erst, wenn Sie wissen, wie seine Wirklichkeit aussieht:

● wie er die Konfliktsituation erlebt hat
● wie er das Thema, um das es geht, interpretiert und bewertet
● welche Vorstellung er mit einzelnen Begriffen oder Vorgehensweisen verbindet
● welche Erfahrungen er mit dem Thema gemacht hat
● welche Bedeutung das Thema für ihn hat und wie stark das Thema mit Gefühlen besetzt ist (»ihm am Herzen liegt«): Je wichtiger etwas ist, desto emotionaler wird reagiert. Aufbrausende Reaktionen mögen nachvollziehbarer sein, wenn man versteht, dass und warum jemandem ein Thema so wichtig ist.

Kein Wunder, dass Petra mit ihrem Bild von Kooperation die Situation anders interpretierte als Katharina. Was sie als unkooperativ erlebte und persönlich nahm, war für Katharina eine völlig »normale« Vorgehensweise. Der Austausch darüber löste zwar die zugrunde liegende Frage »Wie organisieren wir das Betriebsfest zusammen?« noch nicht. Aber er verschaffte Petra Klarheit darüber, dass Katharina durchaus mit ihr zusammenarbeiten und sie keinesfalls verletzen wollte. Und Katharina erfuhr, warum Petra sich über ihr Verhalten aufregte. Die Beziehung konnte so ins Reine gebracht werden – Voraussetzung dafür, dass beide sich wieder auf die eigentliche Sache konzentrieren konnten. Der Austausch über die unterschiedlichen Vorgehensweisen half ihnen darüber hinaus, eine geeignete »Mischform« für die Kooperation zu finden.

Meiner Erfahrung nach ist der Austausch über die unterschiedlichen Perspektiven der Knackpunkt in Konflikten. Plötzlich kommt es zu Aha-Erlebnissen: »Ach, so hast du das gemeint.« »Jetzt verstehe ich, warum du so reagiert hast.« Hinter der Position taucht der Konfliktpartner als Mensch auf, der bestimmte Gründe hat, aus denen er eine andere Perspektive gewonnen hat als man selbst.

Exkurs: Bezugsrahmen[9]

Jede von uns hat eine bestimmte Sicht der Welt. Sie können sich das wie ein Haus vorstellen, aus dem verschiedene Leute aus verschiedenen Fenstern blicken. Die einen sehen hinten den Hof, die anderen vorne die Straße, die nächsten seitlich das Nachbarhaus. Selbst all diejenigen, die – aus verschiedenen Stockwerken – auf die gleiche Seite draußen blicken, erhalten verschiedene Eindrücke von der Wirklichkeit. Wenn die Leute nicht wissen, dass es außer ihrer eigenen Aussicht noch andere Fenster gibt, denken sie, ihre Aussicht wäre der einzig wahre Blick auf die »Wirklichkeit«. Und sie werden sich wundern: »Was hat die denn für ein Bild von draußen? Das stimmt doch gar nicht.«

In der Transaktionsanalyse wird dieses Fenster »Bezugsrahmen« genannt. Es entwickelt sich aufgrund verschiedener Faktoren:

- Ihre eigene Veranlagung und Persönlichkeit (Sensibilität, Temperament)
- was Sie von Ihren Eltern über sich, die anderen und die Welt erfahren – und was Sie sich davon zu Eigen machen
- Erfahrungen, die Sie im Laufe Ihres Lebens machen aufgrund von Menschen, Lehren, Büchern ..., von denen Sie sich prägen lassen
- aufgrund dessen, was die Gesellschaft, in der Sie leben, Ihnen über die Menschen und die Welt vermittelt – und was Sie davon für sich akzeptieren.

Deshalb ist verständlich, dass jeder Mensch seinen ganz eigenen Bezugsrahmen hat. Dabei gibt es Überschneidungen: Zwei Deutsche haben in der Regel mehr Gemeinsamkeiten als ein Deutscher und ein Chinese. Zwei Angestellte eines Atomkraftwerks besitzen mehr ähnliche Sichtweisen als einer von ihnen und ein Atomkraftgegner. Zwei Frauen verstehen sich oft schneller miteinander als ein Mann und eine Frau. Der Erfahrungshintergrund ist ähnlicher.

Abschied von der Wahrheitsfiktion

Das Konzept des Bezugsrahmens erklärt letztlich, warum es zwischen Menschen immer wieder zu Missverständnissen und Konflikten kommt: weil nicht in Betracht gezogen wird, dass der andere die Welt anders wahrnimmt und interpretiert als man selbst. Oder weil die Berechtigung dieser anderen Sichtweise nicht anerkannt wird.

Wenn Sie sich bewusst machen, dass es unterschiedliche Sichtweisen gibt, dann können Sie die Fiktion von der »Wahrheit« fallen lassen. Wie viele Konflikte werden letztlich nur darum ausgefochten, weil beide Seiten glauben, die »Wahrheit« zu kennen. Die gibt es aber nicht.

Natürlich kann es sein, dass jemand absichtlich lügt und Tatsachen falsch wiedergibt. Meistens ist es aber so, dass jeder seinen Bezugsrahmen für den einzig wahren hält und deshalb felsenfest davon überzeugt ist, »Recht« zu haben. Aus seiner Sicht mag das dann auch stimmen. Aus einer anderen Perspektive betrachtet eben nicht. Ein Blickwinkel ist weder richtig noch falsch. Er ist auch nicht »besser« oder »schlechter«. Er ist nur nicht der einzige.

Mehrere Blickwinkel **erweitern** den Horizont

Ina, Marketing-Mitarbeiterin eines Nahrungsmittelkonzerns, lag mit ihrem Kollegen Klaus, mit dem sie gemeinsam etliche Projekte zu organisieren hatte, in einem beständigen Clinch, weil er alles unter der Maßgabe der Kosten betrachtete. Eine Idee konnte noch so gut und originell sein, ihn interessierte im Wesentlichen die finanzielle Umsetzung. Ina war davon zunehmend genervt. Schließlich vereinbarten beide ein ausführliches Gespräch, in dem sie sich über den Hintergrund ihrer verschiedenen Sichtweisen und Blickwinkel austauschten. Ina konnte aufgrund verschiedener Erfahrungen und Erlebnisse, von denen Klaus berichtete, schließlich nachvollziehen, weshalb er den Fokus auf die Finanzierbarkeit legte. Deutlich wurde ihr auch, dass er mit einem gewissen Neid ihre Kreativität, über die er selbst nicht verfügte, blickte. Als Ergebnis gelang es beiden, in Zukunft mit mehr Respekt für ihre unterschiedlichen Meinungen an gemeinsame Projekte zu gehen und sie mehr als Ergänzung denn als Ausschluss zu betrachten.

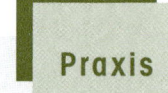

Wie erfahren Sie mehr über den Bezugsrahmen Ihres Gegenübers?

Wenn Sie im Gespräch Missverständnisse oder Gegensätze bemerken, dann hinterfragen Sie sie, ehe Sie sie bewerten. Beruhen unterschiedliche Ansichten auf

- bestimmten Erfahrungen, die der andere gemacht hat?
- verschiedenen Interpretationen des gleichen Begriffs?
- unterschiedlichen Vorstellungen, welche Vorgehensweise angebracht ist?
- kulturellen Unterschieden in der Gesellschaft, in der Sie beide aufgewachsen sind?
- Unterschieden in der Sozialisation als Mann/Frau?

Fragen Sie sich und Ihren Gesprächspartner beispielsweise:

- »Reden wir eigentlich über dasselbe, wenn wir über Kooperation sprechen? Ich verstehe darunter ... Was verstehen Sie darunter?«
- »Was meinen Sie mit dem Begriff ›Teamplay‹?«
- »Was verstehen Sie unter ›rascher Erledigung‹?«
- »Was bedeutet für Sie ›gute Zusammenarbeit‹?«
- »Sie sind überzeugt, dass das so nicht klappen kann. Welche Erfahrungen haben Sie gemacht?«

Selbstverständlich macht auch hier der Ton die Musik. Wenn Sie diese Fragen angriffslustig oder abwertend hervorbringen, werden Sie nicht den erwünschten Effekt erzielen. Ich kann nur wiederholen: Ihre innere Haltung ist ausschlaggebend. Wenn Sie tatsächlich daran interessiert sind, mehr über den Hintergrund Ihres Konfliktpartners zu erfahren, dann wird er das an Ihrer Haltung und Frageweise merken und Sie haben eine gute Chance, dass er sich auf diese grundsätzliche Begriffs- und Perspektivenklärung einlässt.

Tipp

Selektive Offenheit

Um sich über die gegenseitigen Bezugsrahmen auszutauschen, muss ein gewisses Maß an Offenheit und Vertrauen herrschen. Schließlich gibt man etwas von sich preis, das der andere bei unpassender Gelegenheit auch mal (gewollt oder ungewollt) gegen einen verwenden kann: »Lasst doch die Anke in Ruhe, die tut sich schwer mit Kritik vor aller Öffentlichkeit.« So sinnvoll der Mut zu Offenheit ist, rate ich Ihnen dennoch einschränkend:

- Erzählen Sie nur das, was wirklich dem Verständnis der Sache dient. »Seelenstriptease« ist im Beruf nicht gefragt und fordert zum Missbrauch heraus. Der andere soll Verständnis für Ihre Position bekommen, kein Mitleid mit Ihnen wegen Ihrer schweren Kindheit.
- Hören Sie auf Ihr Gefühl. Erzählen Sie so viel, wie es Ihnen in der Situation ratsam erscheint. Mehr erzählen können Sie immer noch, Erzähltes rückgängig machen nicht mehr.

Es gilt, den Mittelweg zu finden. Wenn Sie sich einen Panzer umschnallen, machen Sie es Ihrem Umfeld schwer, Verständnis für Sie zu entwickeln. Zu viel Offenherzigkeit dagegen kann Ihnen schaden. Legen Sie einfach all die »Kleidungsstücke« ab, die Sie entbehrlich finden, und behalten Sie so viele an, dass Sie gut geschützt sind – was auch von der »Temperatur« des Umfelds abhängt.

Bezugsrahmen von **Männern** und **Frauen** in Konfliktgesprächen

Männer und Frauen reagieren unterschiedlich. Nicht nur in Konflikten, aber da wird es besonders deutlich. Der Erfolg von Büchern wie *Du kannst mich einfach nicht verstehen* oder *Warum Frauen nicht einparken und Männer nicht zuhören können* zeigt, dass die Unterschiede zwischen männlichen und weiblichen Bezugsrahmen keineswegs als bekannt vorausgesetzt werden können. Und dass sie immer noch die Gemüter erhitzen und ein großes Interesse besteht, sie zu verstehen.

Ergänzend zur Lektüre solcher Bücher liegt es aber an Ihnen selbst, sich auf die einfachste Weise über die Unterschiede im Bezugsrahmen von Männern und Frauen zu informieren: durch das Gespräch, und zwar nicht nur im Frauenkreis, wo dies meiner Erfahrung nach durchaus ein häufiges Thema ist – oft eher im Sinne der gegenseitigen Bestätigung des Bezugsrahmens. Um den männlichen Bezugsrahmen zu verstehen, ist es besser, mit Männern zu reden. Um festzustellen: Es gibt Aspekte, die man als »typisch« verallgemeinern kann. Auf der gegenüberliegenden Seite finden Sie eine Auflistung von Verhaltensweisen, die meiner Erfahrung nach in Konflikten für Männer und Frauen typisch sind.

Natürlich sind das Verallgemeinerungen, die nicht auf jeden pauschal zutreffen. Wie eine bestimmte Frau, ein bestimmter Mann reagiert, hängt letztlich von Persönlichkeit und individuellem Bezugsrahmen ab.

Nehmen Sie diese Liste als Aufhänger, um damit mit einem Mann in ein Gespräch über seinen und Ihren Bezugsrahmen einzusteigen und individuelle Unterschiede kennen zu lernen!

Männer	Frauen
Reden lieber selbst und versuchen zu überzeugen.	Hören eher zu und stellen Fragen.
Versuchen, Probleme zu verdrängen. Reden mit niemandem darüber.	Versuchen, Probleme indirekt anzudeuten – in der Hoffnung, dass der andere sich von alleine ändert. Oder reden mit Dritten darüber (ohne die Probleme damit zu lösen).
Machen sich wenig Gedanken, welche Gefühle sie beim Gegenüber auslösen.	Versuchen, möglichst niemanden zu verletzten.
Zeigen Ärger, aber sonst wenig Gefühle.	Zeigen eher Trauer, Frust, Angst. Versuchen, Ärger zu verbergen, schlucken ihn herunter.
Suchen nach praktischen Problemlösungen.	Wollen verstehen und Verständnis spüren, ehe sie zu Lösungen bereit sind.
Tragen selten etwas nach.	Merken sich seelische Verletzungen oder (vermeintliche) Ungerechtigkeiten und tragen sie nach.

Nicht alles **persönlich** nehmen

Jede Äußerung kann auch als Selbstoffenbarung verstanden werden: Hier sagt jemand etwas über sich und seine Weltsicht. Ihre Chefin sagt am Schluss einer Besprechung zu Ihnen: »Jetzt verschwenden Sie keine Zeit, machen Sie sich unverzüglich an die Arbeit.« Das finden Sie verletzend, denn genau das hatten Sie vor. Statt zu grübeln, was sie wohl von Ihnen hält, können Sie die Bemerkung auch als »Selbstaussage« verstehen. So feuert die Chefin auch sich selbst an. Vielleicht hat sie Zweifel, ob sie selbst ihre Zeit effektiv nutzt. Deshalb müssen Sie die Bemerkung nicht gutheißen. Aber der Aspekt der »Selbstaussage« hilft oft, sich nicht persönlich in Frage gestellt zu sehen oder zu viele Gefühle zu investieren. Häufig fühlen wir uns gekränkt, provoziert oder verärgert, weil wir glauben, jemand will uns verletzen. Meist ist es aber so, dass der andere sich so verhält, wie es eben seiner Weltsicht entspricht. Wenn Sie dennoch Zweifel haben, wie die Bemerkung gemeint war, können Sie immer noch nachfragen.

Zuhören im Konflikt – eine große Herausforderung

Eigentlich selbstverständlich: Nur durch Zuhören und Fragen kriegen Sie mehr über den Bezugsrahmen und die Sichtweise Ihrer Konfliktpartner heraus. Gerade in Konfliktgesprächen sinkt aber die Bereitschaft dazu rapide. Viele reden lieber selbst, um den anderen zu überzeugen. Oder sie schweigen. Schweigen und Zuhören sind jedoch nicht das Gleiche – Sie können innerlich mit sich, Ihrem Anliegen und Ihren Gefühlen so beschäftigt sein, dass Sie von dem, was der andere sagt, nichts mitbekommen. Sie hören der anderen Person erst dann wirklich zu, wenn Sie sich auf das, was sie sagt, voll konzentrieren – und nicht mehr innerlich mit sich und Ihren Interessen beschäftigt sind. Beim Zuhören sind Ihre Aufmerksamkeit und Ihre Energie beim Gegenüber.

Aktives Zuhören und Fragen stellen

In der Konfliktmoderation gibt es ein beliebtes Mittel, das aktive Zuhören bei zwei Konfliktparteien zu fördern: Jeder muss (sinngemäß, nicht wörtlich) das wiederholen, was der andere kurz zuvor gesagt hat. Am besten jeweils nur zwei, drei Sätze oder ein Argument.

Erst wenn der andere mit der Paraphrasierung einverstanden ist, darf er selbst sein Statement abgeben. Das muss der Erste dann sinngemäß wiederholen. Und so weiter. So wird der Dialog verlangsamt und offen gelegt, wie viel (oder wenig) man von dem, was der andere sagt, wirklich versteht.

Es ist dabei immer wieder erstaunlich, wie schwer es den Beteiligten fällt, in eigenen Worten wiederzugeben, was sie gerade vom anderen gehört haben. Oft verstehen sie etwas völlig anderes, als der Redner gemeint hat, weil sie in Wirklichkeit nicht zuhören, bei sich selbst sind oder nur das hören wollen, was die eigene Argumentation oder das eigene Bild vom anderen stützt. Die Übung sensibilisiert beide Seiten, sich einerseits klar auszudrücken und andererseits wirklich zu begreifen, was der andere sagt und meint.

Praxis

Aktives Zuhören

Wenn es der Rahmen und die Beziehung erlauben, dann empfehle ich Ihnen die oben beschriebene Übung in einem Konfliktgespräch, das sich im Kreis dreht, einzubauen. In einem Kontext, in dem eine solche Übung nicht möglich ist, können Sie auch indirekt das Gleiche machen. Wiederholen Sie einfach von sich aus, was Sie verstanden haben:

● »Ich möchte das, was Sie mir eben gesagt haben, mit meinen eigenen Worten zusammenfassen, um sicherzugehen, dass ich Sie richtig verstanden habe ...«

● »Verstehe ich Sie richtig? ...«

Dann geben Sie den Inhalt wertfrei und ohne Interpretationen oder Absichtsunterstellungen wieder. Das hat zwei Vorteile:

1. Sie merken, ob Sie das Anliegen Ihres Konfliktpartners tatsächlich verstanden haben oder ob es Missverständnisse und inhaltlichen Klärungsbedarf gibt.
2. Sie zeigen Ihr Bemühen, den Gesprächspartner zu verstehen. Das erhöht in der Regel auch dessen Bereitschaft, sich für Ihre Sicht zu öffnen.

Anschließend bitten Sie den Gesprächspartner darum wiederzugeben, was bei ihm angekommen ist:

- »Würden Sie mir auch wiedergeben, wie Sie meine Ausführungen verstehen? Dann können wir mögliche Missverständnisse leichter bereinigen.«

- »Was von meiner Position können Sie anerkennen? Was nicht?« (Eine indirekte Aufforderung. An der Antwort erkennen Sie, welche Argumente beim anderen hängen geblieben sind.)

Damit laden Sie den anderen zum Perspektivenwechsel ein. Er merkt vielleicht selbst, dass er Ihre Sicht gar nicht begriffen hat. Und Ihnen beiden wird bewusst, wo noch Klärungsbedarf ist.

Wiederholen sich die Argumente, dann kann es helfen, jedes Argument oder Thema in kurzen Stichworten auf ein Blatt Papier zu schreiben und so »abzuhaken«. Taucht es dann wieder auf, können Sie darauf verweisen, dass dieser Punkt schon behandelt wurde.

Tipp   **Wie setzen Sie diese Technik ein?**

Missbrauchen Sie diese Vorgehensweisen nicht für einen Machtkampf oder als Kontrollinstrument. Wenn es Ihnen nur darum geht, dem Konfliktpartner nachzuweisen, dass er sowieso nichts kapiert, egoistisch und borniert ist, dann werden diese Techniken weder inhaltlich noch für die Beziehung Früchte tragen. Keiner darf das Gesicht verlieren, weil er nicht wiederholen kann, was der andere gesagt hat. Sonst weitet sich der Streit nur aus und beide debattieren schließlich darüber, wie schlecht jeder sich ausdrückt respektive zuhört.

Warten Sie nicht auf Fragen!

Wenn Ihr Gesprächspartner Ihnen keine Fragen stellt, dann verzichten Sie nicht darauf, dennoch Ihre Ansichten darzustellen. Ich höre immer wieder die Klage oder Beschwerde von Frauen, dass sie ihre Meinung nicht sagen konnten, weil sie nicht gefragt wurden. Sie vermuten dann, dass der andere sich dafür nicht interessiert hat, und sind gekränkt oder beleidigt. Haben Sie schon beobachtet, dass Männer darauf warten, gefragt zu werden?

Wenn Ihr Gegenüber partout nicht auf die Idee kommt, Ihnen Fragen zu stellen und Ihnen zuzuhören, dann finden Sie sich nicht damit ab. Fordern Sie das Zuhören aktiv ein: »Ich habe Ihnen eine Menge Fragen gestellt, um Ihren Standpunkt zu verstehen. Jetzt möchte ich Ihnen ebenso ausführlich meinen Standpunkt darstellen.

Bitte hören Sie mir zu. Ich freue mich auch, wenn Sie mir Ihrerseits Fragen stellen zu Aspekten, die Ihnen nicht klar werden.«

Wenn Sie etwas zu sagen haben, dann sagen Sie es auch! Über den Zeitpunkt kann man allerdings diskutieren. Manchmal ist es besser, den anderen zuerst reden zu lassen, um seine Bereitschaft zuzuhören zu fördern.

Barbara, eine Managerin in einem Automobilunternehmen, hatte eine Auseinandersetzung mit einem Kollegen. Sie bat ihn zu einem klärenden Gespräch. Durch Fragen ermunterte sie ihn, seine Ansichten ausführlich darzulegen, bis sie verstanden hatte, worauf es ihm ankam. Anschließend trat eine kurze Gesprächspause ein. Sie erwartete, dass er ihr nun seinerseits Fragen zu ihrem Standpunkt stellen würde. Aber der Kollege packte ganz selbstverständlich seine Sachen zusammen. Er hielt das Gespräch für beendet. Da Barbara von sich aus nichts sagte, ging er davon aus, dass er sie von seinem Standpunkt überzeugt hatte.

Etwas verblüfft, aber kurz entschlossen bat Barbara ihn, sich wieder zu setzen, und erklärte ihm freundlich: »Wir sind noch nicht fertig. Ich habe Ihnen aufmerksam zugehört. Jetzt erwarte ich von Ihnen, dass Sie mir ebenso aufmerksam zuhören, wenn ich Ihnen meine Seite darstelle. Sie dürfen mir auch Fragen stellen.« Jetzt war der Kollege verblüfft, setzte sich aber wieder und hörte tatsächlich aufmerksam zu. Hinterher gab er zu, dass ihn die resolute »Mahnung« beeindruckt habe.

POSITIONEN VERSUS INTERESSEN –
DIE LÖSUNG LIEGT TIEFER

Manchmal reicht es zur Klärung von Konflikten, dass beide Beteiligten einfach nur ihre Perspektive darstellen konnten und das Gefühl bekommen haben, der andere hat diese gehört und kann Verständnis dafür aufbringen. In vielen Konflikten geht es ganz wesentlich um die grundsätzliche Anerkennung, dass eine andere Sicht »erlaubt« ist, damit die Auseinandersetzung wieder funktioniert.

Die Motive und Interessen verstehen

Bei scheinbar unvereinbaren Positionen reicht der Austausch der Blickwinkel aber nicht aus. Zwei Strategien, Vorgehensweisen, Ziele schließen sich gegenseitig aus: Sie wollen eine Gehaltserhöhung – Ihr Chef will Ihnen keine zugestehen. Sie wollen die Zuständigkeit für ein Projekt – Ihr Kollege reklamiert sie für sich. Keine Seite will nachgeben, da jede von der Berechtigung ihrer Position hundertprozentig überzeugt ist.

Meist eröffnen sich Kompromissmöglichkeiten, wenn Sie hinter die Positionen schauen und ergründen, wo die Ursachen liegen. Aus welchen Gründen will der Chef keine Gehaltserhöhung geben? Welches sind die Motive des Kollegen, gerade dieses Projekt zu leiten? Welche Interessen verfolgt der Konfliktpartner damit?[10]

Jede Seite hat in der Regel vielfältige Interessen und Gründe, warum sie ihre Position verfolgt. Durch das Darlegen der Hintergründe wird es schwerer, sich auf ein undifferenziertes »So und nicht anders!« zu versteifen. Der Streitpunkt wird komplexer, Fronten brechen unmerklich auf und beide Seiten müssen Farbe bekennen, welche Gedanken, Gefühle oder Überzeugungen sie zu ihrer Position geführt haben.

Anna wurde bei der Übernahme ihrer ersten Führungsposition mündlich eine Gehaltserhöhung in einem halben Jahr in Aussicht gestellt. Als sie die Frage zu diesem Zeitpunkt thematisierte, beschied ihr Chef ihr kurzerhand, dass dies in der jetzigen Situation des Unternehmens nicht möglich sei. Sie war nicht nur aufgrund der Vereinbarung enttäuscht, sondern auch, weil sie sich dadurch in ihrer Leistung als Führungskraft abgewertet fühlte. Hinzu kam, dass ihr Chef sich ihrer Ansicht nach wenig um ihren Bereich kümmerte und sie keinen guten »Draht« zu ihm hatte.

Sie entschloss sich zu einem klärenden Gespräch mit ihrem Vorgesetzten, in dem sie ihm darstellte, warum diese Entscheidung für sie unbefriedigend war, und ihn bat, ihr die Hintergründe zu verdeutlichen. Auf diese Weise erfuhr sie, dass ihr Chef tatsächlich Kritik an ihrer Arbeit hatte, die so ans Tageslicht kam. Beide vereinbarten Termine für regelmäßige Gespräche und Maßnahmen zur Änderung der Kritikpunkte. Umgekehrt legte sie ihrem Chef dar, warum sie eine Gehaltserhöhung für angebracht hielt. Sie vereinbarte mit ihm klare schriftliche Kriterien, nach denen in einem halben Jahr eine Erhöhung erfolgen würde. Nach dem Gespräch fühlte sie sich erleichtert und hatte den Eindruck, dass es ihr in Zukunft leichter fallen würde, auf ihren Chef zuzugehen.

Der Austausch über die hinter den Positionen stehenden Interessen hat folgende Vorteile:

- Auf der Beziehungsebene: Jeder zeigt mehr von sich. Sie erkennen, welche Gründe, Befürchtungen, Hoffnungen, Ziele Ihr Konfliktpartner mit dem Konfliktthema verbindet – und umgekehrt. Unter Umständen »menschelt« es richtig und Sie gewinnen gegenseitig mehr Verständnis. Sie sind weniger geneigt, dem anderen bestimmte Absichten zu unterstellen oder gar zu glauben, er nehme nur deshalb eine andere Position ein, um Sie persönlich zu ärgern.

- Auf der Sachebene: Es treten neue Aspekte des Themas zutage, die möglicherweise bisher noch nicht diskutiert wurden. Sie erkennen unter Umständen, dass Ihre Interessen auch dann erfüllt werden können, wenn Sie einen anderen Weg einschlagen als den, den Sie bisher für nötig hielten. Das lässt neue Lösungsoptionen zu, an die Sie bisher nicht gedacht haben.

● Außerdem werden Gemeinsamkeiten deutlich. Plötzlich stellen Sie fest, dass beide in manchen Punkten das Gleiche wollen – nur auf verschiedenen Wegen. Das schafft Verständnis und eine größere Bereitschaft, nach einem gemeinsamen Weg zu suchen und sich von festgefahrenen Positionen zu verabschieden.

Festhalten
der Interessen

Die Interessen der Gegenseite erforschen Sie mit der einfachen Frage nach dem »Warum«:

● »Aus welchen Gründen lehnen Sie eine Gehaltserhöhung ab?«
● »Aus welchen Motiven möchtest du die Verantwortung für dieses Projekt?«
● »Warum ist es dir wichtig, dass die Heizung den ganzen Tag auf Stufe 5 läuft?«

Nicht immer werden die tiefer liegenden Gründe sofort genannt, vor allem wenn sich der eigentliche Konfliktpunkt dahinter verbirgt. Geben Sie sich also nicht gleich mit der ersten Antwort zufrieden, sondern forschen Sie hartnäckig weiter:

● »Gibt es außer der Wirtschaftslage noch andere Gründe, die gegen eine Gehaltserhöhung sprechen?«
● »Wenn also die Wirtschaftslage besser wäre, würde ich eine Gehaltserhöhung bekommen. Andere Gründe sprechen nicht dagegen?«

Hilfreich kann auch sein zu erkunden, welche Gründe oder Interessen *dagegen* sprechen, dass sich der Konfliktpartner nicht auf den von Ihnen vorgeschlagenen Weg einlassen kann, also die Frage nach dem »Warum nicht« zu stellen.

● »Was spricht gegen eine Anerkennung meiner Arbeit durch eine Gehaltserhöhung?«

● »Aus welchen Gründen können Sie meinen Vorschlag nicht annehmen?«

Natürlich sollten Sie Ihrerseits ebenfalls auf beide Fragestellungen Antwort geben und Ihre Interessen darlegen.

Da das Thema an dieser Stelle komplexer und weniger leicht zu durchschauen ist, empfiehlt es sich, dass Sie sich Notizen machen. Sie können die Interessen auf einem Flipchart oder einem Blatt Papier festhalten, damit sie Ihnen deutlich vor Augen stehen. So wird es auch leichter, die Gemeinsamkeiten zu erkennen.

Fokus auf Gemeinsamkeiten

Es liegt in der Natur eines Konflikts, dass Sie deutlicher sehen, was Sie vom anderen unterscheidet. Sonst hätten Sie keinen Konflikt miteinander. Bei der Konfliktlösung geht es darum, eine Brücke zwischen diesen Unterschieden aufzubauen, die von beiden Beteiligten »benutzt« werden kann. Ihr »Baustoff« sind also die Gemeinsamkeiten, die trotz aller Unterschiede bestehen.

Zunächst einmal müssen Sie dafür den Blick weg von den Unterschieden auf die Gemeinsamkeiten lenken. Betonen Sie, in welchen Bereichen oder Aspekten Sie Gemeinsamkeiten erkennen können:

- »Dann verfolgen wir also beide das Ziel, dieses Produkt möglichst schnell auf den Markt zu bringen?«
- »Wir sind uns also darüber einig, dass das Produkt erst dann auf den Markt kommen soll, wenn die Tests erfolgreich abgeschlossen sind, damit wir keine negative öffentliche Resonanz erleben?«
- »Neben allen sachlichen Differenzen sind wir uns einig, dass wir auch in Zukunft eng zusammen arbeiten wollen?«

Tipp   Gemeinsame Interessen auf der Beziehungsebene

Gerade die gemeinsamen Interessen auf der Beziehungsebene werden in einem Konfliktgespräch oft übersehen. Letztlich hat fast jeder ein Interesse daran, mit seinem Umfeld gut auszukommen und die Arbeit effektiv und ohne Reibungsverluste zu erledigen. Erinnern Sie sich und Ihren Konfliktpartner daran, dass es neben den sachlich orientierten auch gemeinsame Interessen gibt, die die Beziehung betreffen:

- Stabilität, Dauerhaftigkeit einer Übereinkunft
- tragfähige persönliche Beziehung in Zukunft, Vermeiden von persönlichen Verletzungen
- effiziente Erledigung der Arbeit
- das Wohl des Umfelds (Team, Mitarbeiter, Unternehmen)
- positives Bild nach außen (gegenüber Kunden, Mitarbeitern, Kollegen) – der Konflikt soll nicht nach außen getragen werden.
- Begrenzung des Konflikts auf dieses Thema. Er soll sich nicht ausweiten auf Bereiche, in denen die Zusammenarbeit funktioniert.

Gewichtung
der Interessen

Sie haben jetzt eine Liste erstellt, aus welchen Motiven und Interessen heraus Ihnen und Ihrem Konfliktpartner die jeweilige Position wichtig ist. Die einzelnen Interessen haben aber nicht alle die gleiche Bedeutung – einige sind wichtiger, andere weniger.

Kathrin und Bernd teilen sich ein Büro. Durch den Umzug ihrer Firma haben sie die Wahl zwischen einem geräumigen Raum, der etwas abseits liegt und einem kleineren Büro, das sich nahe von Kollegen und zwei Abteilungen, mit denen sie viel zusammenarbeiten, befindet. Bernd will den größeren Raum, Kathrin den zentral gelegenen. Keiner will nachgeben.

Die Interessen sind:

Kathrin	Bernd
• Schnelle Wege (5) (2)	• Ruhe für die Arbeit (9) (7)
• Guter Informationsfluss (7) (6)	• Kontakt, wenn man will, weniger spontane »Ratschbesuche« (6) (2)
• Viel Kontakt zu Kollegen (7) (4)	
• Spaß am »Rummel« (6) (1)	• Mehr Platz für Computer etc. (5) (5)
• Rücksicht auf Bernd (7) (7)	• Gute Arbeitsbeziehung zu Kathrin erhalten (4) (8)

Durch die Aufstellung der Interessen wurde vor allem das unterschiedliche Kontaktbedürfnis der beiden deutlich. Im Anschluss vergaben beide Punkte, um die Bedeutung der einzelnen Interessen zu verdeutlichen:

10 = sehr wichtig

1 = unwichtig

Die Gewichtung (Zahl in der ersten Klammer) zeigte, dass das Thema für beide insgesamt eine hohe Bedeutung hatte. Es war also für die künftige Arbeitsbeziehung wichtig, einen guten Kompromiss zu finden. Bernd war angenehm überrascht, dass Kathrin der Rücksichtnahme auf ihn so hohe Priorität beimaß, und kam stark ins Nachdenken über seine eigene geringe Punktvergabe in diesem Bereich. Die Bedeutung einer kooperativen Beziehung wurde ihm durch das Gespräch bewusster – ein Thema, dem er bisher kaum Bedeutung beigemessen hatte.

In einem nächsten Schritt verteilten beide Punkte, die verdeutlichten, welchen Stellenwert die Interessen des anderen für sie hatte (Zahl in der zweiten Klammer). Bernd maß etwa Kathrins »schnellen Wegen« mit 2 Punkten nur geringe Bedeutung bei. Dadurch erfuhren beide, wo sich ihre Standpunkte annäherten und wo nicht.

Schließlich fanden sie in der Diskussion folgenden Kompromiss: Sie wählten den größeren Raum und luden zwei Mal pro Woche die Kollegen zu einem »Info-Talk« ein, der Kathrins Bedürfnissen entgegenkam. Der »Nebeneffekt« war, dass Bernd Kathrins Rücksichtnahme deutlich wertschätzte und von da ab den guten Kontakt aktiver pflegte.

Die Gewichtung der eigenen sowie der fremden Interessen zeigt:

● die Bedeutung der einzelnen Interessen, die damit verbundenen Emotionen

● das Risiko, falls sehr wichtige Interessen nicht berücksichtigt werden – künftiges Konfliktpotenzial

- gemeinsame Interessen
- Diskussionsbedarf, wo die Bewertung stark voneinander abweicht

Meiner Erfahrung nach trägt diese Phase der Kompromissfindung enorm dazu bei, dass beide Konfliktpartner in einen offenen und intensiven Dialog miteinander treten und sehr bemüht sind, einen Kompromiss zu finden, der beiden Seiten gerecht wird.

Tipp

Folgende Möglichkeiten der Gewichtung bieten sich an:

- Punktevergabe von 1 bis 10
- Erstellen einer Rangliste
- Vergabe von roten (unwichtig) und grünen (wichtig) Punkten

Jeder sollte kurz darlegen, warum das Interesse diese Bedeutung hat. Folgende Spielregeln sind dabei hilfreich:

- Redezeit vereinbaren (etwa fünf Minuten), besonders bei Vielrednern
- nur in Ich-Aussagen, also über sich sprechen – keine Bewertung der Einschätzung des Konfliktpartners

Tipp

Voraussetzung: Interesse an einer Lösung

Der Austausch über Interessen und Motive erfordert Ehrlichkeit und Offenheit von beiden Seiten. Sind Sie nicht bereit, Ihre Interessen zu offenbaren, so werden Sie auch keine neuen Optionen entwickeln können. In Konflikten zwischen zwei Personen oder in kleinen Gruppen funktioniert der offene Austausch meiner Erfahrung nach durchaus. Voraussetzung ist, dass beide Seiten tatsächlich an einer Beilegung des Konflikts interessiert sind.

In Konflikten, die ein breiteres Umfeld einbeziehen, in denen sich bereits Koalitionen gebildet haben, der Konfliktpunkt seit längerem besteht und sich beide Seiten gegenseitig verdächtigen, doch nur die eigenen Interessen verfolgen zu wollen, wird diese Methode nur mithilfe einer externen Moderation umzusetzen sein. (Siehe dazu Kapitel »Grenzen von Konfliktgesprächen«.)

Das Erforschen der Interessen des Konfliktpartners unterbleibt oft, weil man glaubt, die Motive des anderen längst zu kennen. Man unterstellt aufgrund der eigenen Sicht der Dinge dem anderen böse Absichten: »Der sagt das nur, weil er will, dass ich den Termin für ihn übernehme.« »Die möchte wohl hier den Ton angeben.« Diese Unterstellungen beruhen auf der eigenen Perspektive: So wie man selbst die Sache sieht, kann der andere ja nur die und die Absichten haben. Jede Beobachtung trägt dann dazu bei, die eigene Interpretation zu stützen:

Was den Blick verstellt: Interpretationen und Absichtsunterstellungen

Katja, eine Vertriebsfrau, fühlte sich in ihrem Job unsicher, wollte aber unbedingt mindestens ebenso gute, wenn nicht bessere Arbeit als ihre Kolleginnen leisten. Speziell eine Kollegin, Vera, sah sie als ihre Hauptkonkurrentin. Aufgrund mehrerer Vorkommnisse glaubte sie, dass Vera ihr die Teilverantwortung für einen ihrer Hauptkunden, für den sie beide zuständig waren, »wegnehmen« und den Kunden »ganz für sich« haben wollte. Wann immer Vera etwas von ihr über den Kunden wissen wollte, fand sie sich in der Annahme bestätigt – und antwortete mit Informationsverweigerung.

Für Interpretationen und Absichtsunterstellungen gilt: Kann sein – kann aber auch nicht sein. Manchmal werden Sie richtig liegen. Manchmal täuschen Sie sich aber auch gewaltig. Absichtsunterstellungen schränken den Blickwinkel ein. Je mehr Absichten Sie Ihrem Konfliktpartner unterstellen, desto stärker tragen Sie zur Eskalation des Konflikts bei.

Tipp

Wahrnehmungen vermischen sich mit Interpretationen

Jemand trägt eine Brille – wir halten ihn für schlau.
Jemand schweigt – wir denken, er hat nichts zu sagen.
Jemand trägt einen Minirock – wir denken, sie will Männer anmachen.
Das eine ist die Wahrnehmung: das, was alle sehen oder hören können. Das andere ist die Interpretation: das, was Sie aus Ihrer Wahrnehmung ableiten, was Sie daraus schließen. Die Interpretation kann stimmen. Sie kann aber auch völlig daneben liegen.
Meist (und im Konfliktfall ganz besonders) vermischen sich Wahrnehmung und Interpretation in Sekundenschnelle. Sie halten Ihre Interpretationen für die Wahrheit – und vergessen, dass man die Sache auch ganz

anders interpretieren kann: Der Kunde unterdrückt ein Gähnen – anscheinend langweilen ihn Ihre Ausführungen. (Vielleicht hat aber sein Baby die ganze Nacht geschrien und er kaum geschlafen?) Der Chef schaut Sie grimmig an – Sie fragen sich, was Sie falsch gemacht haben. (Vielleicht hat er nur gerade einen unangenehmen Anruf hinter sich und ist noch gedanklich damit beschäftigt?)

Praxis

Was unterstellen Sie Ihrem Konfliktpartner?

Wenn Sie ein (Konflikt-)Gespräch führen, so überprüfen Sie Ihre eigenen Gedanken und Aussagen.

Was denken Sie:

- Was will der andere von Ihnen?
- Welche (geheimen) Absichten verfolgt er?
- Wie interpretieren Sie sein Auftreten, seine Körpersprache, seinen Tonfall? Was will er damit Ihrer Ansicht nach bei Ihnen bezwecken?

Anschließend überprüfen Sie:

- Was hat der andere gemacht oder gesagt, dass Sie zu dieser Unterstellung kommen?
- Welche (nicht gegen Sie gerichteten) Motive könnte die andere Seite noch haben?
- Wie könnte ein unbeteiligter Dritter, der die Hintergründe nicht kennt, die Situation interpretieren?
- Welche Wahrnehmungen könnten Sie ausgeblendet oder einseitig interpretiert haben?

Konstruktiver Umgang
mit Interpretationen

Natürlich können Sie nicht auf Knopfdruck aufhören zu interpretieren. Wir ordnen alles, was wir sehen und hören, automatisch wertend in unseren Bezugsrahmen ein, um Orientierung und Sicherheit zu gewinnen.

Statt sie destruktiv – in Form der negativen Unterstellungen – zu verwerten, können Sie Ihre Interpretationen aber auch konstruktiv nutzen: indem Sie sie als »Hypothesen« betrachten. Möglicherweise haben Sie ja Recht mit Ihrer Interpretation.

- »Sind Sie müde?«
- »Gibt es etwas zwischen uns zu klären?«
- »Ich verstehe das so: Ich soll diese Arbeit für dich übernehmen.«
- »Das kommt bei mir folgendermaßen an: ...«
- »Interpretiere ich dich richtig? Du willst, dass ich ...«

Ihre Frage zeigt: »So kommt es bei mir an. So interpretiere ich das, was du sagst.« Damit muss Ihr Gegenüber Stellung beziehen, ohne dass er von Ihnen in die Enge getrieben wird. Handelt es sich tatsächlich um ein Missverständnis, so kann es bereinigt werden. Haben Sie seine Absichten durchschaut, so hat er die Chance, das offen zuzugeben: »Ja, ich möchte gerne, dass du diese Arbeit übernimmst.« Oder: »Nein, nein, so war es nicht gemeint.« Aber dann muss er erklären, wie er es meinte.

GEFÜHLE ÄUßERN

Wer im Job Ärger oder Frust zeigt, macht sich angreifbar. Oft ist die Reaktion: »Jetzt seien Sie doch nicht gleich beleidigt!« »Nun reißen Sie sich mal zusammen!« Oder: »Bleiben Sie doch sachlich, Ihre Gefühle interessieren hier keinen.« Verlangt wird der (scheinbar) sachliche Diskurs, in dem Emotionen keine Rolle spielen dürfen.

Tatsächlich ist das gar nicht möglich. Wir haben keinen Schalter, mit dem wir die Verbindung zu unseren Gefühlen einfach kappen können. Parallel zu unserem Denken und Handeln fühlen wir selbstverständlich die ganze Zeit – und ebenso selbstverständlich beeinflussen diese Gefühle auch das, was wir denken, sagen und tun. Je stärker diese Gefühle sind, desto größer ist auch ihr Einfluss auf unser (Konflikt-)Verhalten.

Gefühle bilden die Grundlage der Beziehung zu anderen. Sie mögen Ihre Kollegin und bemühen sich deshalb um eine gute Zusammenarbeit. Oder Sie mögen sie nicht und lassen es schon bei nichtigen Anlässen auf eine Konfrontation ankommen. Es geht in der Berufswelt lange nicht so sachlich zu, wie wir uns das oft einbilden. Sympathie oder Antipathie, also Gefühle, entscheiden sehr häufig über die Form der Kooperation und die Ergebnisse. Wir rationalisieren und suchen nach vernünftigen Argumenten, obwohl unser Bauch unser Verhalten bestimmt.

Gefühle tragen die Beziehung

Das trifft auch auf Konfliktgespräche zu. Unsere Gefühle entscheiden über die Qualität der Beziehung zu anderen. Und doch versuchen wir, sie aus Konfliktgesprächen auszuklammern, weil wir fürchten, die Beziehung damit zu beeinträchtigen. Vielleicht kann die Kollegin mit Ihrem Ärger nicht umgehen? Oder sie wird selbst ärgerlich, wenn Sie Ihre Verstimmung zeigen? Oder sie nimmt Ihre Gefühle nicht ernst und macht sich darüber lustig? Da versuchen Sie doch lieber, Ihre Gefühle zu unterdrücken.

Doch wenn wir Emotionen aus Konfliktgesprächen heraushalten, bleiben wir auf halber Strecke stehen. Im Kern von Konfliktgesprächen geht es um verletzte Gefühle – sie auszuklammern heißt der Sache nicht auf den Grund zu gehen und sie auch nicht zu bereinigen. Wir würden scheinbar sachlich eine Lösung suchen – aber insgeheim spüren, dass sie unbefriedigend ist, weil der Konflikt auf der Beziehungsebene, verursacht durch verletzte Gefühle, nicht bereinigt wird.

Warum sich Gefühle ungewollt einschalten

Gefühle wurden zu lange unterdrückt

Trotz aller Bemühungen um Sachlichkeit übernehmen Gefühle gerade in Konfliktgesprächen oft das Kommando, ehe Sie einschreiten können. Ganz unerwartet kommt das aber nicht. Wenn Sie sich von Ihren Gefühlen haben »hinreißen« lassen, dann gibt es dafür gute Gründe.

Je mehr Sie versuchen, Ihre Gefühle zu unterdrücken, desto größer ist die Wahrscheinlichkeit, dass diese Ihnen einen Streich spielen und sich genau in dem Moment bemerkbar machen, in dem Sie sie am wenigsten »brauchen« können: Sie können Ihre Wut nicht mehr beherrschen; Sie lassen sich zu Beleidigungen oder Äußerungen hinreißen, die Sie später bereuen; Sie brechen mitten in einer Sitzung in Tränen aus; Sie schalten ab, resignieren, alles wird Ihnen egal, weil das die einzige Möglichkeit ist, um dem Ansturm der Gefühle Herr zu werden. In jedem Fall verlieren Sie die Kontrolle über Ihre Gefühlsäußerungen und können nicht mehr steuern, wie viel und was Sie preisgeben wollen.

Birgit ärgerte sich oft, weil ihr Chef regelmäßig kurz vor 18 Uhr noch mit irgendwelchen dringenden Dingen zu ihr kam, die unbedingt erledigt werden mussten. Statt zu protestieren oder ihm zu zeigen, dass sie dies ärgerte, schluckte sie ihren Zorn hinunter und vermied die Konfrontation. Allenfalls verzog sie ein bisschen die Miene, was ihr Chef aber gar nicht bemerkte. Von Mal zu Mal wurde sie ärgerlicher. Irgendwann riss ihr die Geduld. Patzig fuhr sie ihn an, dass sie es leid sei, seinetwegen ständig Überstunden machen zu müssen. Ihr Ausbruch kam mit einer Wucht, die dem aktuellen Anlass – nach Meinung des Chefs – überhaupt nicht entsprach: »Das ist doch in einer Viertelstunde zu erledigen und bisher war das auch nie ein Problem! Wenn es Ihnen so wichtig ist, pünktlich zu gehen, hätten Sie das doch schon viel früher sagen können.« Jetzt war der Chef sauer, weil er sich zu Unrecht so heftig kritisiert sah. Und Birgit fühlte sich schuldig – aber dennoch irgendwie im Recht.

Eine andere beliebte, aber konfliktträchtige Strategie, mit unterdrückten Gefühlen umzugehen, besteht darin, hin und wieder süffisante oder ätzende Bemerkungen einzustreuen. Etwa: »Nachdem ich hier fertig war, hatte ich noch einen schönen Abend, vielen Dank!« Der Konfliktpartner hat das diffuse Gefühl, irgendetwas falsch gemacht zu haben. Aber wenn er das nicht von sich aus anspricht und ebenso passiv bleibt wie der »Gefühlsunterdrücker«, wird die Situation immer schwieriger.

Unterdrückte Gefühle

- führen zu Gefühlsausbrüchen, die dem gegebenen Anlass nicht mehr angemessen sind
- sind in ihrer Heftigkeit für den Konfliktpartner nicht nachvollziehbar

● führen zu neuen Konflikten (etwa darüber, warum man nicht schon längst etwas gesagt hat; über einzelne unüberlegte Bemerkungen; zu Konflikten auf anderen Gebieten) und verschlechtern das Klima und die Beziehung.

Erlaubte und **unerlaubte** Gefühle

Mit einigen Gefühlen haben wir überhaupt keine »Probleme«. Wir zeigen sie spontan, ohne auf den Gedanken zu kommen, dass ihre Äußerung eine Schwäche sein könnte. Meist ist das bei Gefühlen wie Freude, Spaß, Dankbarkeit der Fall – wobei es auch hier Menschen gibt, die diese Emotionen nicht gerne zeigen.

Andere Gefühle dagegen drücken wir lieber nicht aus, weil wir früh gelernt haben, dass sie »schlecht« sind und von unserer Umgebung abgelehnt werden. Wir versuchen, sie zu unterdrücken, oder äußern statt ihrer andere Emotionen. Oft gilt es beispielsweise als unweiblich, Ärger und Zorn zu zeigen. Was bei einem Mann als durchsetzungsstark gilt, ist bei Frauen verpönt: Eine Frau, die ihrem Zorn Luft macht, stößt damit auf weit mehr Ablehnung als ein Mann.

Eine Teilnehmerin eines Workshops sagte einmal mit einem Lächeln im Gesicht: »Und dann hat mir der Chef eine Standpauke gehalten, das war so ungerecht.« Keine Spur von ihrer Wut darüber war zu bemerken! Männer dagegen glauben oft, Traurigkeit oder Angst nicht zeigen zu dürfen. Oder sie sind fest davon überzeugt, diese Gefühle tatsächlich nicht zu haben.

Genau diese nicht erlaubten Gefühle sind es aber, die uns dann oft in einem Konfliktgespräch dazwischenfunken und mit Macht an die Oberfläche dringen. Je stressiger die Situation ist, desto schwieriger wird es, sie unter Kontrolle zu halten. Ganz abgesehen von dem Kraftaufwand, den das kostet. Je besser Sie Ihre »Tabu-Gefühle« kennen und lernen, sie kontrolliert zu zeigen, desto weniger wird es Ihnen passieren, dass Sie sich von ihnen hinreißen lassen.

Praxis

Welche Gefühle zeigen Sie nicht gerne?

Folgende Fragen können Ihnen helfen, Ihren unterdrückten Gefühlen auf die Spur zu kommen:

- Welche Gefühle zeigen Sie ungern? Welche Emotionen gehören in Ihrem Weltbild nicht an die »Öffentlichkeit«? Was zeigen Sie stattdessen?
- Was passiert, wenn Sie die Gefühle unterdrücken? In welcher Form kommen sie dennoch zum Vorschein?
- Was befürchten Sie, wenn Sie die Gefühle zeigen?
- Erinnern Sie sich an Situationen, in denen Sie diese Tabu-Gefühle geäußert haben: Welche Erfahrungen haben Sie gemacht?

Tipp

Vorteile, wenn Sie Ihre Gefühle ausdrücken

- *Sie sind zufrieden mit sich selbst*: Das Mitschleppen unausgesprochener Gefühle führt oft zu Selbstanklagen und beeinträchtigt das Selbstwertgefühl: »Jetzt habe ich mich schon wieder nicht getraut.« Wenn Sie den Mut aufbringen, sie auszusprechen, können Sie anschließend mit Recht stolz auf sich sein.

- *Sie machen neue, positive Erfahrungen*: Im Zweifel hat das kontrollierte Aussprechen dieser Gefühle keine negativen Konsequenzen für Sie – sicherlich nicht so große, wie Sie sich das in Ihrer Fantasie vorstellen und auf keinen Fall so negative wie ein unkontrollierter Gefühlsausbruch!
- *Sie sparen Energie*: Das Unterdrücken von Gefühlen kostet viel Kraft. Sie können diese Energie positiv einsetzen.
- *Sie können sich besser auf das äußere Geschehen konzentrieren*: Unterdrückte Gefühle lenken Sie ab, Sie sind innerlich mit sich selbst beschäftigt. Unter Umständen bekommen Sie entscheidende Aspekte des Gesprächs nicht mit. Durch das Ausdrücken Ihrer Gefühle können Sie Ihre Aufmerksamkeit wieder auf das Konfliktgespräch lenken.

Wenn Sie Ihre Gefühle nicht zeigen, weiß der andere nicht genau, woran er ist. Geben Sie Ihrem Konfliktpartner eine Chance zu erkennen, was er mit seinem Verhalten bei Ihnen bewirkt. Ihr ungerührtes Pokerface signalisiert ihm: »Ich muss nichts ändern. Dem macht das ja nichts aus.«

Vielleicht signalisieren Sie ihm auch unbewusst: »Mach weiter!« Und er wird Sie so lange provozieren, bis er endlich eine emotionale Reaktion von Ihnen sieht. Denn versucht man, jemanden auf die Palme zu bringen, möchte man wissen, wie weit man gehen kann und wo der Punkt kommt, an dem der andere endlich in Wut gerät (oder in Tränen ausbricht) und sich »menschlich« oder »berührbar« zeigt.

Geben Sie dem Konfliktpartner eine Chance

Zeigen Sie Ihre Betroffenheit schon in einem frühen Stadium, so geben Sie dem anderen eine Chance, sein Verhalten zu ändern. Unterstellen wir dem Chef, der kurz vor Feierabend noch mit Arbeit kommt, dass er tatsächlich unorganisiert ist und es ohne bösen Willen ausnutzt, dass Birgit nicht Nein sagt. Angenommen, sie signalisiert ihm zwei oder drei Mal sachlich, dass es sie stört, wenn er sie öfters zu Überstunden zwingt. Es ändert sich nichts und langsam wird sie ärgerlich. Das sagt sie ihm, wenn er das nächste Mal kurz vor Feierabend kommt – und plötzlich merkt er, welche Auswirkung sein Verhalten hat. Dass es für Birgit – und damit auch für ihn – um mehr als nur diese eine Viertelstunde geht und er die gute Beziehung zu ihr riskiert, wenn er so weitermacht.

Oft ist es notwendig, dass andere die Bedeutung spüren, die ein Ereignis für Sie hat. Und die zeigt sich eben nur dadurch, dass Sie die damit verbundenen Gefühle mitteilen. Manche Menschen sind sensibler und spüren schon bei geringen Anzeichen, wenn die Beziehung in Gefahr ist. Anderen müssen Sie es ganz deutlich sagen.

Praxis

Welche Gefühle haben Sie?

Meistens ist es nicht nur ein Gefühl, das in einem Konflikt hochkommt. Das macht es für Sie selbst verwirrend. Wenn Sie einen Konflikt mit jemandem haben, dann setzen Sie sich anschließend in einer ruhigen Minute hin und schreiben auf, welche Gefühle Sie empfunden haben:

- Welche Gefühle gehören zu welchen Szenen/Situationen?
- Welche Gefühle könnten hinter den Gefühlen stecken, die Sie besonders stark empfinden? (Zum Beispiel steckt hinter dem Beleidigtsein eigentlich Ärger.)
- Welche Gefühle haben mit dem Konflikt zu tun?
- Welche Gefühle haben mit Ihnen zu tun? (Empfindliche Stellen, Identität)

Wie äußern Sie Ihre
Gefühle?
Klarheit über die eigenen Gefühle ist die Voraussetzung, um einen Gesprächspartner mit den Emotionen zu konfrontieren, die ihn tatsächlich betreffen.

Maria, Assistentin einer Geschäftsleiterin, wurde von dieser mit der Organisation eines wichtigen Projekts beauftragt. Jeden Tag erkundigte sich ihre Chefin nach dem Fortgang des Projekts, gab Anweisungen und funkte ihr in die Planungen hinein. Maria wurde immer frustrierter und wütender auf ihre Chefin. Gleichzeitig traute sie sich nicht, eine Konfrontation herbeizuführen. Im Coaching ordnete sie ihre Gefühle:

● Frust: Sie war verärgert, weil sie sich von ihrer Chefin nicht anerkannt fühlte. Diese traute ihr offenbar nicht zu, das Projekt zu organisieren.

● Sie hatte Angst, dass sie tatsächlich dem Projekt nicht gewachsen wäre.

● Sie empfand Ärger über sich selbst, dass sie sich das Verhalten ihrer Chefin gefallen ließ und sich nicht wehrte.

● Sie hatte Angst vor den Folgen eines Gesprächs.

Ein großer Teil ihres Ärgers und ihrer Angst hatte also mit der Chefin nichts zu tun. Sie konnte sich die einzelnen Gefühle jetzt »Stück für Stück« anschauen und entscheiden, welche Gefühle sie zeigen wollte:

● Sie beschloss, der Chefin zu vermitteln, dass sie ihre Eingriffe als kontrollierend empfände und dies bei ihr Ärger und Verunsicherung auslösen würde. Sie wollte in Erfahrung bringen, warum die Chefin ihr nicht mehr Selbstständigkeit einräumte und ob sie zu einer anderen Art der Delegation bereit wäre.

● Sie gestand sich ein, dass sie aufgrund ihrer Angst vor Misserfolgen durchaus eine Begleitung ihrer Chefin wünschte, dass sie aber das Ausmaß verändern wollte.

● Sie erkannte, dass sie ihren Ärger auf sich selbst nur loswerden (und ihr Selbstbild gerade rücken) könnte, wenn sie ein Gespräch mit ihrer Chefin suchte.

● Die Angst vor dem Gespräch verringerte sich, nachdem sie sich bewusst machte, welches die Folgen wären, wenn sie ein klärendes Gespräch vermiede. Sie malte sich verschiedene drastische und realistische Konsequenzen des Gesprächs aus und überlegte, wie sie damit umgehen würde.

Im Gespräch ergab sich, dass die Chefin Marias Verunsicherung wahrgenommen hatte und aus Angst, das Projekt könnte nicht klappen, stark eingegriffen hatte. Sie zeigte sich bereit, Marias Vorschlägen und Ideen mehr Gehör zu schenken und honorierte, dass Maria den Mut aufgebracht hatte, das Problem anzusprechen.

Ausdruck von Gefühlen im Gespräch

Wut muss man nicht unbedingt dadurch ausdrücken, dass man wütend wird. Trauer nicht unbedingt durch Tränen. Diese »Blöße« mag sich niemand gerne geben und das ist auch gar nicht nötig. Sie können über Ihre Gefühle reden und sie benennen:

● »Ich finde es sehr ärgerlich, dass Sie so häufig kurz vor Feierabend mit unaufschiebbaren Arbeiten kommen.«
● »Ihr Tonfall ärgert mich, ich finde ihn nicht angemessen.«
● »Ich muss jetzt mal Dampf ablassen, legen Sie meine Worte nicht auf die Goldwaage ...«
● »Ich kann mich im Moment gar nicht auf die Sache konzentrieren, weil ich mich sehr frustriert fühle ...«

Das Gefühl »zu beschreiben« hat auch eine andere Wirkung auf Ihren Konfliktpartner, als es durch Verhalten zu zeigen. Sie wirken keineswegs »emotional« oder »von Gefühlen gesteuert«, wenn Sie Ihre Gefühle klar benennen. Denn Ihr Kopf ist »zugeschaltet«. Wenn Sie sagen, dass Sie verärgert sind, wirkt das auf Ihr Gegenüber lange nicht so bedrohlich, als wenn Sie ihn anschreien. Im Gegenteil: Es wirkt souverän.

Über ein Gefühl zu reden ist auch für Sie selbst entlastend. In dem Augenblick, in dem Sie sagen: »Mich ärgert es, dass du so häufig zu spät kommst«, entlädt sich bereits der Ärger. Die Gefahr, dass Sie sich tatsächlich in einem scharfen Tonfall äußern oder Ihren Ärger sonstwie zeigen, ist wesentlich geringer. Über Gefühle zu reden hat für Sie selbst katharsische Wirkung.

Wenn Ihr Gesprächspartner Sie »kalt« erwischt und Sie merken, dass Ihre Gefühle überhand nehmen, gibt es folgende Möglichkeiten, einen ungewollten Gefühlsausbruch zu verhindern:

● Bestimmen Sie den Zeitpunkt des Gesprächs: Kein Konflikt muss sofort bereinigt werden. Wenn Sie merken, Sie sind dazu im Moment nicht in der Lage, dann versuchen Sie, das Gespräch zu vertagen.

  – Durch Ausflüchte: »Die Klärung dieser Frage ist mir so wichtig, dass ich dafür gerne genügend Zeit zur Verfügung hätte. Ich muss jetzt aber gleich zu einem anderen Termin/etwas Wichtiges erledigen. Hätten Sie morgen um 14 Uhr eine Stunde Zeit, das zu besprechen?« Oder: »Ich habe heute starke Kopfschmerzen. Können wir das morgen um 14 Uhr in Ruhe besprechen?«

  – Durch Ehrlichkeit: »Das nimmt mich im Augenblick sehr mit. Ich möchte gerne in Ruhe darüber nachdenken. Können wir das Gespräch morgen um 14 Uhr fortsetzen, passt Ihnen das?«

Wichtig ist, dass Sie ein konkretes Gesprächsangebot machen, so dass Ihr Gesprächspartner nicht den Eindruck gewinnt, Sie wollten der Sache entfliehen. Der Klärung dürfen Sie nicht aus dem Weg gehen – aber deren Zeitpunkt können Sie bestimmen. Und in der Zwischenzeit können Sie Ihre Gefühle woanders ablassen und sich über sie klar werden.

● Verschaffen Sie sich eine kurze Pause:
  – Gehen Sie auf die Toilette und zerreißen Sie ein Stück Klopapier in tausend Fetzen.
  – Öffnen Sie das Fenster, atmen Sie tief durch, während Sie innerlich dreimal laut »Sch...« schreien.
  – Machen Sie einfach eine Pause, ehe Sie antworten, und stellen Sie sich vor, wie Sie auf einen Boxsack eindreschen.

Manchmal helfen solche kleinen Visionen, um Gefühle rauszulassen. Stellen Sie sich aber nicht vor, dass Sie Ihrem Konfliktpartner etwas antun oder ihn anschreien; Gewalt und Aggressionen dürfen sich nicht gegen ihn richten. Sie sollen ein Ventil finden, nicht Schaden anrichten – nicht einmal gedanklich.

Tipp **Sprechen Sie nur von sich und Ihren eigenen Gefühlen**

Sprechen Sie nur von sich selbst, wenn Sie über Ihre Gefühle reden. Geben Sie anderen nicht die Schuld daran, machen Sie nicht deren Verhalten für Ihre Gefühle verantwortlich und unterstellen Sie ihnen keine Absichten. Das führt zu unnützen und endlosen Diskussionen – und niemals zur »Wahrheit«. Ob Ihr Gegenüber Ihren Ärger oder Ihren Kummer auslösen wollte oder nicht, werden Sie wahrscheinlich nie gänzlich klären können – Tatsache ist, dass Sie so empfinden. Bewerten Sie Ihre Gefühle nicht und entschuldigen Sie sich nicht dafür.

Gefühle ablassen

Wenn Sie merken, dass ein Vorfall oder ein Gespräch bei Ihnen starke Gefühle hervorruft, empfehle ich Ihnen, das Gespräch zu verschieben, wenn das möglich ist, und zunächst Ihre Gefühle »abzulassen«. Wenn eine Verschiebung nicht geht, dann ist dennoch wichtig, dass Sie im Anschluss diese Gefühle bearbeiten, um sie nicht in einem inneren Speicher zu horten.

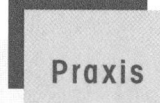

Praxis

Umgang mit Ärger

»Wut verklebt das Gehirn«, heißt es treffend und deshalb ist es wichtig, sich für Zorn und Ärger ein Ventil zu suchen. Lassen Sie die Wut körperlich ab:

- Hauen Sie auf ein Kissen ein.
- Schlagen Sie im Wald mit Ästen auf einen Baumstamm.
- Suchen Sie sich ein stilles Zimmer und schreien Sie. Sprechen Sie alles ungefiltert aus, was Ihnen durch den Kopf geht.
- Schreiben Sie auf, was Sie ärgert, ohne auf Gerechtigkeit und Fairness zu achten. Anschließend schmeißen Sie den Zettel weg, ohne ihn noch einmal durchzulesen.

Wichtig ist, dass niemand, den Ihr Ärger betrifft, in der Nähe ist und Sie sich unbefangen austoben können. Anschließend werden Sie feststellen, dass Sie sich erleichtert, etwas müde und offener für eine faire Auseinandersetzung fühlen.

Umgang mit Traurigkeit

- Suchen Sie sich einen stillen Ort und weinen Sie sich aus. Lassen Sie den ganzen Frust und Kummer raus, bis Sie keine Träne mehr übrig haben. Noch besser ist, wenn Sie eine Freundin haben, bei der Sie sich ausweinen können und die Ihre Tränen richtig »einordnen« kann: dass es darum geht, den Schmerz zu zeigen, und Sie anschließend durchaus wieder »erwachsen« sein können.

- Wenn Sie spüren, dass die Traurigkeit mit »alten« Themen zu tun hat, sie bei ähnlichen Gelegenheiten immer wiederkehrt, so suchen Sie sich einen Coach, mit dem Sie diese Gefühle und die zugrunde liegenden Erlebnisse aufarbeiten.

Umgang mit Angst

- Sprechen Sie aus oder schreiben Sie auf, wovor Sie Angst haben und was als Schlimmstes passieren kann. Erlegen Sie sich selbst keine Zensur auf, indem Sie gleichzeitig abwiegeln und rationalisieren. Angst ist irrational und muss ihren Platz haben.

- In einem nächsten Schritt überlegen Sie, was daran realistisch ist, welche Ängste konkret mit dem Sachverhalt, welche mit Ihrer Person/Geschichte zu tun haben. Für Letztere ist es hilfreich, sie professionell mit einem Coach zu bearbeiten.

Keine **Rivalität**
der Gefühle

Häufig führt die Offenheit eines Gesprächspartners dazu, dass der andere seine Gefühle ebenso offen legt – und dass um die Intensität der Gefühle gestritten wird: wer stärker verletzt wurde oder mehr das »Recht« hat, verärgert zu sein, oder schon viel länger Ärger mit sich herumschleppt als der andere. Das führt zu nichts. Wenn jemand seit langem verärgert ist, aber nichts sagt, kann er Ihnen das nicht zum Vorwurf machen. Es gibt keine Waage, mit der Sie feststellen können, wessen Schmerz mehr Gewicht hat. Darum geht es auch gar nicht. Ziel ist, dass beide Seiten zeigen, wo sie gefühlsmäßig betroffen sind und anerkennen, dass es der anderen Seite genauso geht. Wenn jemand anders sich gekränkt fühlt, bedeutet das ja nicht zwangsläufig, dass Sie dies beabsichtigt haben. Wichtig ist aber, dass Sie es registrieren und für die Zukunft wissen, dass der andere hier einen wunden Punkt hat – den Sie berücksichtigen, wenn Sie an einer guten Beziehung interessiert sind. Gefühle brauchen Anerkennung, sie wollen respektiert werden, dann funken sie nicht mehr dazwischen.

FEEDBACK GEBEN

Wenn Sie mit Kolleginnen, Mitarbeiterinnen oder Kunden über längere Zeit zusammenarbeiten, ist es sinnvoll, regelmäßig über die Beziehung zu sprechen, und zwar unabhängig davon, ob es zu Konflikten gekommen ist oder nicht. So ein Metagespräch muss nicht als solches deklariert werden und sollte nicht durch psychologische Erklärungen abschreckend wirken. Die einfache Frage: »Sind Sie mit unserer Zusammenarbeit zufrieden?« kann Aufschluss darüber geben, ob Klärungsbedarf besteht. So können Differenzen bereinigt werden, ehe sie überhaupt zu einem Konflikt werden.

Meist kommt erst einmal Schweigen auf eine solche Frage oder allgemeines Schulterzucken: »Passt schon alles so.« Aber dann stellt doch einer ein Thema zur Diskussion: »In unserer Küchenzeile sieht es immer ziemlich grausam aus. Können wir daran nicht was ändern?« »Mir ist schon zum dritten Mal aufgefallen, dass das Klopapier nicht aufgefüllt wird, wenn es aufgebraucht ist. Das ist ärgerlich.« Und schon kann man Dinge in Ruhe diskutieren oder Vereinbarungen finden, ehe sich Konfliktpotenzial ansammelt. Meist braucht es nur jemanden, der den Anfang macht.

Themen solcher Metagespräche können sein:

- Was ist gut an unserer Zusammenarbeit?
- Was gibt es für Verbesserungswünsche/Verbesserungsvorschläge?
- Besteht zwischen uns Klärungsbedarf wegen irgendwelcher Ereignisse?

Bei dem letzten Punkt können zum Beispiel Missverständnisse in der Kommunikation angesprochen werden, die man im Tagesgeschehen nicht ansprechen konnte:

> »Letzte Woche hast du mich so unwirsch angefahren, weil ich den Ordner mit den Werbeprospekten, den du gesucht hast, ein paar Tage auf meinem Schreibtisch liegen hatte. In der Sache hast du ja Recht, aber den Tonfall fand ich nicht in Ordnung. Was war los, dass du dich darüber so geärgert hast?«

Durch die Bereinigung solcher »Kleinigkeiten« kann man verhindern, dass sich viele dieser kleinen Unstimmigkeiten zu großen Konflikten summieren.

Wichtig für Feedback-Gespräche ist:

● Eine halbe Stunde (störungsfreie) Zeit, um anstehende Themen besprechen zu können. Kommt es innerhalb dieser Zeit nicht zu einer Klärung, muss ein eigener Termin ausgemacht werden – dann ist es die Sache auch wert.

● Teilnahme aller Betroffenen, damit Vereinbarungen gültig sind. Über abwesende Personen darf nicht gesprochen werden.

● Klare (schriftliche) Vereinbarungen, die nachprüfbar sind.

● Information an alle, die nicht dabei waren. Beschlüsse haben auch für sie Geltung.

Wenn solche Gespräche zur bloßen »Tratschrunde« verkommen, werden sie nicht mehr ernst genommen. Werden sie aber regelmäßig geführt und führen zu Ergebnissen, dann können sie die Beziehungen und das Vertrauen enorm vertiefen.

Kapitel 3

Zwei typische Konflikt- konstellationen

und wie Sie reagieren können

Sie haben Ihre eigenen Beiträge zur Konfliktbeilegung hinterfragt. Sie haben sich mit der Beziehung zu Ihren Konfliktpartnern beschäftigt. Jetzt können Sie sich noch den Konflikt selbst anschauen, indem Sie ihn quasi von außen betrachten und sich fragen: »Was läuft hier eigentlich gerade ab?«

So können Sie erkennen, ob Sie sich in einer unheilvollen, destruktiven Konstellation befinden – wie beispielsweise im so genannten Drama-Dreieck. Es kennzeichnet eine Konstellation mit festen Rollen, die bewirkt, dass ein Konflikt sich endlos im Kreis dreht. Wenn Sie Ihre Konflikte und ergebnislosen Konfliktgespräche untersuchen, werden Sie mit Sicherheit häufig auf das Drama-Dreieck stoßen. Es ist typisch für viele Konflikte und man rutscht leicht hinein. Aber Sie können auch daraus aussteigen, wenn Sie es erkennen und wissen, wie es funktioniert. Darauf gehe ich in diesem Kapitel ausführlicher ein.

Sicherlich gibt es etliche interessante Konstellationen, die typisch für Konflikte sind und Ihnen helfen würden, Konflikte rascher zu erkennen und ihre Mechanismen zu durchschauen. Aus Platzgründen kann ich in diesem Buch nicht näher darauf eingehen. Doch eine weitere wichtige Einflussgröße, die ich neben dem Drama-Dreieck für ganz wesentlich halte, werde ich Ihnen in diesem Kapitel ebenfalls darstellen: das Wirken der verdeckten Ebene. Sie ist, wie die Bezeichnung sagt, nur schwer zu erkennen, beeinflusst aber unsere Reaktion oft sehr viel stärker als Worte. Und sie hat das Potenzial, Konfliktgespräche eskalieren zu lassen. Deshalb gehe ich im Folgenden auch darauf ein, wie sie wirkt, wie Sie sie erkennen und was Sie dagegen tun können.

Aus einer »Metaposition«, also quasi als Beobachterin, auf einen Konflikt zu schauen, ist natürlich im Nachhinein leichter als während der Situation. Aber Sie wissen ja: Für eine Klärung, für ein zweites Gespräch ist es nie zu spät. Je mehr Übung Sie im Erkennen von Konflikten haben, desto leichter wird es Ihnen fallen, auch während des Konflikts schon einmal einen Blick von außen auf das Geschehen zu werfen.

DAS DRAMA-DREIECK[11]

Wenn Sie entdecken, dass Sie in das Drama-Dreieck geraten sind, dann wissen Sie eines sicher: Der Konflikt wird sich nicht lösen, das Konfliktgespräch wird nicht erfolgreich sein, solange Sie darin verweilen. Es ist, wie der Name schon sagt, ein Drama – mit drei festen Rollen, die von den Beteiligten eingenommen werden.

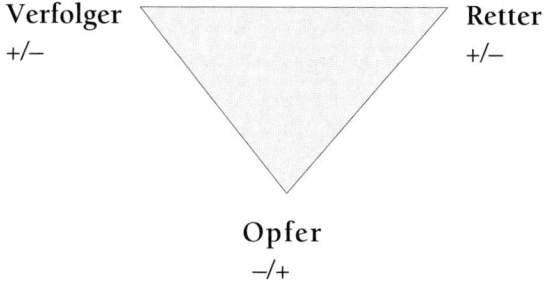

Die Rollen im Drama-Dreieck

Verfolger
+/–

Retter
+/–

Opfer
–/+

Verfolger

Der Verfolger tritt voller Vorwürfe, Beschuldigungen und Anklagen auf. »Angriff ist die beste Verteidigung«, das ist sein Motto. Ehe ihn jemand kritisiert, kommt er dem anderen lieber zuvor. Damit lenkt er von sich ab, denn meistens reagieren die Angegriffenen automatisch mit Verteidigung und Rechtfertigung. Seine Grundhaltung im Gespräch ist: »Ich bin in Ordnung, du bist es nicht.« Er fühlt sich überlegen und glaubt, dass er alles besser weiß und kann. Würden die anderen nur auf ihn hören, bräuchte man gar nicht mehr diskutieren. Konflikte gibt es seiner Ansicht nach nur, weil die anderen sich seinen Einsichten verschließen und nicht machen, was er ihnen sagt.

Pressechefin Heike wird morgens von ihrer Mitarbeiterin Susanne mit anklagender Miene in Empfang genommen: »Sie haben mir gestern Abend eine falsche Telefonnummer gegeben, deshalb konnte ich Herrn Müller nicht mehr erreichen. Wir können das Treffen heute mit ihm aber nicht mehr verschieben. Das wird ein ganz schöner Stress. Ich hätte das ja von vornherein anders organisiert.« Kurze Zeit darauf steht Susanne wieder in Heikes Büro: »Sie wollten mir doch die Unterlagen für den Pressetext zur neuen Verkaufsaktion geben«, erinnert sie Heike vorwurfsvoll. Heike unterbricht ihre Arbeit und sucht nach den Unterlagen. Das Telefon klingelt und unter Susannes kritischen Blick nimmt sie ab. Diese kommentiert schnippisch: »Wenn Sie dann so weit sind, sagen Sie mir einfach Bescheid, ja?« und rauscht davon.

Opfer

Das Opfer ist Adressat der Vorwürfe des Verfolgers. Es fühlt sich wehrlos und ihm ohnmächtig ausgesetzt. Zwar verteidigt und rechtfertigt es sich, aber es glaubt nicht selbst daran, dass es damit den Verfolger überzeugt. Wirklich Einhalt gebieten kann es ihm nicht. Oft glaubt es auch selbst, schuld zu sein, und hält die Vorwürfe für berechtigt: »Ich bin aber auch wirklich zu dumm!« Die Grundhaltung des Opfers im Gespräch ist: »Ich bin nicht okay, du bist okay.« Es wertet sich selbst und seine Möglichkeiten ab. Lieber jammert es, beklagt und bemitleidet sich selbst – und schaut sich nach einem Retter um, der stark genug ist, um es aus seiner Notlage zu befreien und die eigenen vermeintlichen Schwächen zu kompensieren. Damit Opfer und Retter zueinander finden, braucht es nicht immer einen (sichtbaren) Verfolger.

Ina kommt vor Terminen regelmäßig in Zeitdruck und braucht die Hilfe ihrer Kollegin Jutta, um ihre Unterlagen fertig zu stellen und böse Konsequenzen abzuwenden. Jutta ist zwar davon genervt, bringt es aber nicht übers Herz, Ina »hängen zu lassen«. Da sie immer wieder einspringt, besteht für Ina keine Notwendigkeit, ein besseres Zeitmanagement zu lernen.

Retter

Der Retter steht dem Opfer gegen den Verfolger bei. Er bietet seine Unterstützung und Hilfe, damit das Opfer nicht völlig unterdrückt wird. Eventuell verteidigt er das Opfer vehement oder vermittelt zwischen Täter und Opfer, wobei er mehr an das Opfer denkt als an den Verfolger. Seine Grundhaltung ist: »Ich bin okay, du bist nicht okay.« Mit seiner Hilfe erweist er dem Opfer nicht wirklich einen Gefallen. Denn er wertet es enorm ab: Er bestätigt es in der Annahme, alleine nicht zurechtzukommen und hilflos zu sein. Indem er ihm abnimmt, für sich selbst die Verantwortung zu übernehmen, trägt er dazu bei, dass das Opfer in der Opferrolle bleibt. Deshalb sind Opfer ihren Rettern auch nicht immer nur dankbar. Insgeheim tragen sie ihnen nach, dass sie sie brauchen und von ihnen abhängig sind.

Nina springt bei jedem kleinen Computerproblem ihrer Kollegin Claudia zur Hilfe. Sie unterbricht sofort ihre Arbeit, selbst wenn es sich um Banalitäten handelt. Es gibt ihr ein gutes Gefühl, Claudia einen Gefallen zu tun. Sie fühlt sich gebraucht und wichtig. »Mach ich doch gerne«, wehrt sie deren Dankesbekundungen generös ab. Warum Claudia nicht dazulernt oder keinen Computerkurs belegt, wird nie thematisiert.

Tipp »Echte« Retter und »Retter« im Konflikt

Natürlich ist nicht jeder Retter ein Retter im Sinne des Drama-Dreiecks. Wenn ein Nichtschwimmer in den See fällt, sollten Sie ihn nach wie vor herausziehen und ihm nicht sagen, dass das jetzt eine gute Gelegenheit sei, endlich schwimmen zu lernen. Beim Drama-Dreieck und der Retterrolle geht es um Konflikte zwischen Erwachsenen, die prinzipiell in der Lage sind, sich selbst zu helfen – oder dies zu lernen. Die Frage ist, ob sich eine Person wirklich in einer Notlage befindet, in der sie Unterstützung von außen braucht – und wenn ja, wie viel davon.

Praxis

Welche Rolle bevorzugen Sie?

Das Drama-Dreieck wird in fast jedem Konflikt gespielt. Beobachten Sie einmal, wie in Fernsehserien oder in der Politik Konflikte ausgetragen werden – Sie werden relativ schnell die einzelnen Rollen bestimmen können. Mit etwas Übung werden Sie auch rasch merken, wann Sie selbst in eine solche Konstellation hineinrutschen – umso eher, als jeder eine Lieblingsrolle hat, die er bevorzugt einnimmt. Was nicht bedeutet, dass man die anderen Rollen nicht auch im Repertoire hätte! Doch meistens steht eine im Vordergrund. Finden Sie heraus, welche Rolle Sie am liebsten spielen.

Ist Ihre Lieblingsrolle die der **Verfolgerin**?

Dann ist typisch für Sie, dass Sie:

- andere sehr kritisch betrachten und Ihnen sofort auffällt, wenn ihnen Fehler unterlaufen – werden Sie selbst auf Fehler hingewiesen, so finden Sie meist eine gute Rechtfertigung (oder einen Schuldigen);
- die Schuld an Problemen oder Konflikten in der Regel bei anderen sehen;
- andere schnell mit Vorwürfen, Beschuldigungen oder Kritik konfrontieren;
- auf Ihrer Position beharren, weil diese Ihrer Ansicht nach die »bessere« ist.

Die Kehrseite ist, dass Sie

- sich oft verkannt fühlen, weil andere Ihre guten Absichten nicht würdigen – Sie wollen doch nur die beste Lösung;
- sich nicht zugestehen können, Fehler zu machen, schwach zu sein oder etwas nicht zu können.

Ist Ihre Lieblingsrolle die des **Opfers**?

Dann ist typisch für Sie, dass Sie

- sobald ein Problem auftaucht, umgehend das Gefühl haben, Sie hätten etwas falsch gemacht;
- sich in Konflikten oder bei Schwierigkeiten hilflos fühlen, jammern und sich beklagen, statt aktiv nach einer Lösung zu suchen;
- rasch bereit sind, sich an die Vorschläge oder Meinungen anderer anzupassen – Ihre eigenen Vorstellungen halten Sie für unwichtig oder nicht gut genug;
- dazu neigen, andere zu bewundern und vor allem deren Stärken sehen, nicht aber deren Schwächen. Nur bei sich selbst erkennen Sie vor allem die Schwächen.

Die Kehrseite ist, dass Sie

- insgeheim eine Menge Groll gegen sich und andere ansammeln, weil Sie sich »unterbuttern« lassen oder permanent auf Hilfe von außen angewiesen sind;
- im Grunde an anderen durchaus eine Menge zu kritisieren finden, was Sie sich aber nicht auszusprechen trauen.

Ist Ihre Lieblingsrolle
die der **Retterin**?

Dann ist typisch für Sie, dass Sie

- sich vor allem dann gut fühlen, wenn Sie andere unterstützen, ihnen Ratschläge geben oder Arbeit abnehmen;
- andere oft in Schutz nehmen, sie verteidigen und sich gerne mit Verfolgern anlegen, wenn es darum geht, für vermeintlich Schwächere zu kämpfen; für Ihre eigenen Interessen kämpfen Sie lange nicht so intensiv; manchmal wissen Sie gar nicht, welches eigentlich Ihre eigenen Vorstellungen sind;
- sich selbst als Vermittlerin sehen, die gut Kompromisse zwischen Stärkeren und Schwächeren herbeiführen kann – was diese alleine Ihrer Ansicht nach nicht so gut erreichen würden.

Die Kehrseite ist, dass Sie

- sich oft ausgebrannt und leer fühlen, weil alle etwas von Ihnen wollen und Sie nicht dazu kommen, an sich selbst zu denken;
- immer wieder das Gefühl haben, andere nutzen Sie aus und sind für Ihre Hilfe gar nicht so dankbar, wie sie es sein sollten.

Solange Sie sich im Drama-Dreieck befinden, geht der Konflikt endlos weiter. Jeder Beteiligte reagiert reflexartig aufgrund seiner Rolle. Die Reaktion trägt aber nicht zur Lösung des Problems bei. Sie zeigt nur, welche Grundeinstellung die Beteiligten zu sich und der Welt haben:

- Verfolger: »Ich muss immer kämpfen für meine Überzeugungen, keiner versteht, dass ich nur das Beste will.«
- Opfer: »Ich bin zu schwach und weiß zu wenig, ich halte besser den Mund und lasse andere machen.«
- Retter: »Ohne mich gäbe es noch mehr Ungerechtigkeit auf der Welt.«

Im Drama-Dreieck handelt jeder Beteiligte nur noch nach dieser Grundüberzeugung. Alles, was geschieht, wird so wahrgenommen und interpretiert, dass es in diese Weltsicht passt. Jeder malt nur noch schwarz-weiß, verlässt sich ungeprüft auf seine eingeschränkte Wahrnehmung und es kommt zu keinem differenzierten Austausch über die unterschiedlichen Sichtweisen, Gefühle und Interessen. Charakteristisch für das Drama-Dreieck ist deshalb auch, dass häufig verallgemeinernde Begriffe fallen wie »immer«, »nie«, »alle«, »niemand«.

Tatsächlich stecken die Beteiligten in den jeweiligen Rollen mit einem Bein in der Vergangenheit. Sie rutschen unwillkürlich in eine Rolle, die sie schon von früh auf kennen. So haben sie schon immer auf Konflikte reagiert. Der Automatismus und die »Übung«, die sie in der Ausgestaltung der Rolle im Laufe der Jahre gewonnen haben, machen es oft so schwer, die eigene Verwicklung im Drama-Dreieck zu erkennen und daraus auszusteigen.

Tipp

Psychologische Spiele

Häufig wechseln im Drama-Dreieck nach einer Weile die Rollen. Die Kehrseite der Rolle kommt zum Vorschein, die Gedanken und Gefühle, die im Untergrund wühlen und auf einmal an die Oberfläche kommen:

- Das Opfer wird beispielsweise zum Verfolger, indem es dem Retter vorwirft: »Immer bevormundest du mich!« Oder es wird zum Retter des Verfolgers: »Jetzt lass ihn doch in Ruhe, er hat es ja gar nicht so böse gemeint!«
- Die Retterin wird zum Opfer, weil sie nur Undank erntet: »Alle nutzen mich aus!« Oder sie wird zur Verfolgerin des Opfers:

»Jetzt habe ich mich so für dich eingesetzt und du sagst nicht mal Danke.«

Die Verfolgerin wird zum Opfer: »Keiner mag mich. Ich bin für alle hier die Böse.« Oder sie wird zur Retterin des Opfers: »Also, jetzt zeige ich dir mal, wie das richtig gemacht wird.«

Die Transaktionsanalyse spricht hier von psychologischen Spielen. Sie laufen nach einem bestimmten Schema ab, ohne dass es zu echten und ehrlichen Begegnungen und zur Konfliktbeilegung kommt. Am Ende eines Spiels fühlen sich alle Beteiligten schlecht, aber immerhin bestätigt in dem, was sie über sich und die anderen sowieso immer dachten. Wenn Sie sich mehr mit psychologischen Spielen befassen möchten, empfehle ich Ihnen die Bücher von Eric Berne *Spiele der Erwachsenen* sowie Ulrich Dehner *Die alltäglichen Spielchen im Büro*.

Die Frage ist natürlich, warum das Drama-Dreieck so häufig gespielt wird, wenn es so destruktiv ist. Ein Grund ist sicher die Gewohnheit: Weil man bereits als Kind geübter im destruktiven Streiten als im konstruktiven Konfliktlösen ist, sind die Rollen des Drama-Dreiecks gewohnt und vertraut. Es ist schwer, aus solchen Automatismen auszubrechen, vor allem wenn man sich ihrer nicht wirklich bewusst ist.

Warum ist das Drama-Dreieck so »beliebt«?

Das Drama-Dreieck wird aber auch deshalb gespielt, weil es Beziehungen herstellt. Zwar keine angenehmen – aber für manche Menschen ist destruktiver Kontakt immer noch besser als gar kein Kontakt. Nach langweiligem »Nebeneinanderherarbeiten« rührt sich endlich was. Wer im Drama-Dreieck mitspielt, zeigt Gefühle, lässt sich berühren und offenbart etwas von sich. Durch die Rolle im Drama-Dreieck ist die Wahrscheinlichkeit, Aufmerksamkeit und Kontakt zu bekommen, relativ groß, eben weil andere leicht auf diesbezügliche Angebote einsteigen und eine komplementäre Rolle im Drama-Dreieck einnehmen. Nicht jeder Mensch verfügt über die Fähigkeit, positive und kooperative Beziehungen zu anderen herzustellen. In einer vorgegebenen Rolle, sei sie scheinbar positiv besetzt wie die des Retters oder negativ wie die des Verfolgers, gelingt es leichter, mit anderen in Kontakt zu kommen.

Wenn Ihnen bewusst wird, dass jemand Sie ins Drama-Dreieck einladen will, dann geht es nicht nur darum, die Einladung auszuschlagen – dazu gleich mehr. Nehmen Sie sie auch als Zeichen dafür, dass Ihr Gegenüber mit Ihnen in Kontakt treten möchte – wenn auch auf ungute Art. Sie können dazu beitragen, Drama-Dreieck-Spiele zu vermeiden, wenn Sie von sich aus – und nicht erst im Konflikt – positive Kontaktangebote machen: auf jemanden zugehen, Anerkennung geben, über den Alltag, die Arbeit oder Privates reden, mal einen Kaffee für jemanden machen ...

Wie können Sie aus dem Drama-Dreieck aussteigen?

Verfolger gibt es nur, wenn es auch Opfer gibt. Ohne Verfolger gäbe es kein Opfer. Der Retter ist darauf angewiesen, dass er ein Opfer findet, dem er gegen seinen Verfolger beistehen kann. Kurz: Alle drei Rollen bedingen sich gegenseitig. Jeder braucht den anderen.

Das bedeutet im Umkehrschluss: Wenn Sie nicht mitspielen, verderben Sie den anderen die Partie. Sie können jederzeit aus dem Drama-Dreieck aussteigen – auch wenn das nicht immer leicht ist und ein gutes Maß an Selbstbeobachtung und Selbstreflexion von Ihnen erfordert und Übung, es immer wieder auszuprobieren.

Drama-Dreieck –
auch als **Solo** möglich

Auch wenn das Drama-Dreieck über drei Rollen verfügt – man braucht nicht drei Protagonisten dafür. Sie können es sogar ganz alleine spielen:

> Anna ist sehr engagiert in ihrem Job als Chefsekretärin. Sie versorgt ihren Chef aufs Beste, erledigt Arbeiten pünktlich und zuverlässig, springt immer ein, wenn Not am Mann ist und hilft stets, wenn andere etwas brauchen. Überstunden gehören zu ihrem Alltag (Retterin). Abends jedoch erzählt sie ihrem Mann oft sehr abwertend über zwei ihrer Kolleginnen, die sich ungeschickt anstellen und häufig Probleme mit dem Chef haben (Verfolgerin). Am Wochenende ist sie aufgrund der vielen Arbeit meist ausgelaugt und kaputt. Sie fühlt sich von ihren Kolleginnen und ihrem Chef ausgenutzt, weil die es inzwischen normal und wenig anerkennenswert finden, dass sie Überstunden macht (Opfer).

Auch zu zweit lässt sich das Drama-Dreieck inszenieren, etwa wenn die Chefin erst als Verfolgerin hart kritisiert, um dann als Retterin einen Ausweg aufzuzeigen. Oder das Opfer verwandelt sich in einen Verfolger, wenn es ihm endgültig auf die Nerven geht, dass es vom Retter nicht ernst genommen wird.

Der **Ausstieg**
für Verfolgerinnen

Aus der Verfolgerrolle können Sie aussteigen, indem Sie

● Ihrem Konfliktpartner Gelegenheit geben, seine Ansicht darzustellen. Glauben Sie nicht, dass Sie ohnehin wissen, was er meint oder will. Hören Sie zu und versuchen Sie zu verstehen, was er meint.

- sich fragen, welche Erfahrungen in der Vergangenheit bewirkt haben, dass Sie sich anderen überlegen fühlen;
- die Konsequenzen für die künftige Zusammenarbeit erwägen, wenn Sie andere beleidigen, kritisieren oder herabsetzen. Welche Art von Zusammenarbeit wünschen Sie sich und was können Sie selbst konstruktiv dazu beitragen? (Es geht um Ihren Beitrag, nicht darum, was Sie von anderen erwarten!)

Und wenn der Konfliktpartner in der Verfolgerrolle ist?	
Verhalten als Verfolger	Zynisch, ätzend, provozierend, beleidigend, negativ-kritisch, vorwurfsvoll. Ziel: Sie sollen die Fassung verlieren, eingeschüchtert werden und das tun, was der Verfolger will.
Typische Äußerungen	»Sie sollten sich jetzt mal im Spiegel sehen.« »Wenn Sie wütend sind, sehen Sie aber gar nicht mehr hübsch aus.« »Wie kann sich eine Frau wie Sie bloß so aufführen!«
So folgen Sie der Einladung und gehen in das Drama-Dreieck	Sie konkurrieren um die Verfolgerrolle und gehen zum Gegenangriff über. Sie reagieren verschreckt und ängstlich und übernehmen die Opferrolle.

Konstruktive Reaktionen, um Verfolger abzuwehren	
Überhören	Sachlich weiterreden und auf Provokationen nicht reagieren. Das funktioniert allerdings oft nicht, sondert reizt den Verfolger, es weiter zu probieren.
Sachliche Zurückweisung	»Mit persönlichen Angriffen kommen wir nicht weiter. Lassen Sie uns höflich miteinander umgehen.« »Es spielt hier keine Rolle, wie ich aussehe. Es geht um das Thema ...«
Abbruch des Gesprächs	»Ich bin nicht bereit, in diesem Ton ein Gespräch mit Ihnen zu führen.« »Ich unterbreche das Gespräch, wenn Sie weiter in dem Ton mit mir reden.«

Der »Ausstieg« für **Opfer**

Aus der Opferrolle können Sie aussteigen, indem Sie:

- herausfinden, welches eigentlich Ihre Interessen und Wünsche sind;
- sich konkrete Verhaltensweisen überlegen, durch die Sie aktiv zu einer Konfliktlösung beitragen können;
- sich fragen, welche Art von Unterstützung Sie sich wünschen, damit Sie sich als gleichwertig betrachten können;

- sich fragen, aus welchen Gründen Sie meinen, keine Verantwortung für sich übernehmen zu dürfen.

Auch wenn Sie glauben, dass es wenig bringt: Werden Sie aktiv! Machen Sie die Erfahrung, dass Ihre Aktivitäten etwas bewirken – und seien es auch erst einmal Kleinigkeiten.

Und wenn der Konfliktpartner in der Opferrolle ist?

Verhalten als Opfer	Unterwürfig, bittend, weinend, ratlos, jammernd, verwirrt, schmeichelnd.
	Ziel: Sie sollen sich stark fühlen und als Retter für das Opfer aktiv werden.
	Der Verfolger will das Opfer durch Anpassung beschwichtigen.
Typische Äußerungen	»Du kannst das doch immer so gut.«
	»Ich weiß nicht mehr, was ich tun soll.«
	»Kannst du nicht mal mit Kai reden, auf dich hört er doch viel mehr als auf mich.«
	»Du hast Recht, ich habe mal wieder alles falsch gemacht.«
	»Jetzt habe ich mal wieder alles versaut, tut mir schrecklich leid!«
	»Oh je, immer passieren mir solche blöden Fehler!«

Und wenn der Konfliktpartner in der Opferrolle ist?	
So folgen Sie der Einladung und gehen in das Drama-Dreieck	Sie hinterfragen die Hilfsbedürftigkeit des vermeintlichen Opfers nicht und übernehmen die Rettung.
	Sie gehen in die Verfolgerrolle: »Hilf dir doch endlich selbst, immer kommst du zu mir gerannt!«

Konstruktive Reaktionen, um Opfer abzuwehren	
Fürsorgliche Distanz	»Was sollte deiner Ansicht nach passieren?«
	»Warum kannst du das nicht selbst übernehmen?«
	»Wenn ich nicht da wäre, was würdest du jetzt tun, um das Problem zu lösen?«
Beistand bei Aktionen	»Ich bereite gerne das Gespräch mit dir vor. Führen musst du es aber selbst.«
	»Ich helfe dir gerne dabei, einen geeigneten Computerkurs zu finden.«

Der »Ausstieg« für **Retterinnen**

Aus der Retterrolle können Sie aussteigen, indem Sie

● Ihre Motivation, sich für andere zu engagieren, hinterfragen. Warum ist das Gefühl, gebraucht zu werden, so wichtig für Sie?

- Ihre Konfliktpartnerin zur Aktivität motivieren. Nehmen Sie ihr womöglich die Chance, selbstständig zu werden?
- nie ohne Absprache Hilfe leisten. Fragen Sie die andere Person, welche Hilfe sie braucht: »Was genau erwartest du von mir?« So vermeiden Sie ungebetene oder übertriebene Hilfeleistung, die den anderen abwertet;
- auf Ihr Gefühl, ausgenutzt zu werden, hören und es auch einmal ablehnen, Hilfe zu leisten;
- sich fragen, ob Ihre Hilfeleistung nicht auf Ihre eigenen Kosten geht und Sie wichtige eigene Bedürfnisse, Wünsche oder Arbeiten dadurch nicht erledigen können. Wenn ja, dann lehnen Sie die Hilfeleistung ab.

Opfer machen einem leicht Schuldgefühle: »Hilf mir!« (»Oder du bist schuld daran, wenn es mir schlecht geht.«) Sie nutzen aus, dass die meisten Menschen hilfsbereit sind. Die Bereitschaft, sich als Retter für sie zu engagieren, ist enorm groß, vor allem weil man ja eine Menge Anerkennung und Dankbarkeit dafür erntet.

Das macht die Retterrolle so schwierig. Meist merken Sie aber an zwei Indizien, dass Sie drauf und dran sind, in die Retterrolle des Drama-Dreiecks zu verfallen:

- ein ungutes inneres Gefühl: Sie spüren, dass etwas faul ist;
- Ihre eigene Prädestination für die Rolle: Wenn Sie in Ihrem Leben immer wieder in Situationen kommen, in denen Sie sich als Retterin betätigen, dann besteht Alarmstufe 1: Es kann nicht sein, dass all die Menschen wirklich nur mit Ihrem Beistand durchs Leben kommen.

Fragen Sie sich: »Warum ist diese Person nicht in der Lage, sich selbst zu helfen?« Wenn ihr tatsächlich bestimmte Fähigkeiten fehlen, dann können Sie ihr helfen und anschließend darauf dringen, dass sie diese Fähigkeit schnellstmöglich erwirbt.

Und wenn der Konfliktpartner in der Retterrolle ist?

Verhalten als Retterin	Überlegen, fürsorglich, souverän, beschützend, mitfühlend, selbstbewusst, zuversichtlich, gibt Ratschläge. Ziel: Das Opfer soll sich anvertrauen und dankbar für die Unterstützung sein. Dadurch fühlt sich die Retterin stark und gebraucht, ihr Einsatz ist sinnvoll.
Typische Äußerungen	»Du solltest jetzt ...« »Lass mich nur machen!« »Mach es doch so: ...« »Klar, dass du davor Angst hast. Ich helfe dir dabei ...!«
So folgen Sie der Einladung und gehen in das Drama-Dreieck	Als Opfer: Sie lassen sich bedingungslos helfen, übernehmen kritiklos alle Ratschläge und fragen sich nicht, wie Ihre eigenen Lösungsansätze aussehen könnten. Als Verfolger: Sie akzeptieren, dass der Retter das Opfer vertritt, und diskutieren mit ihm eine Angelegenheit, die eigentlich nur Sie und das (vermeintliche) Opfer angeht.

Konstruktive Reaktionen, um Retter abzuwehren	
Abgrenzung	»Danke für deinen Ratschlag. Ich werde darüber nachdenken.« »Ich möchte erst einmal selbst überlegen, was ich tun kann.«
Ungebetene Ratschläge zurückweisen	»Vielen Dank für deinen Ratschlag. Ich sage Bescheid, wenn ich Hilfe brauche.«
Konkrete Hilfe annehmen	»Könntest du mir bei ... (genau benennen) helfen?« »Ich würde mein Vorgehen gerne mit dir durchsprechen und es dann selbst versuchen.«

DIE VERDECKTE EBENE

In Gesprächen gibt es zwei Ebenen, auf denen Sie sich »unterhalten«: die verbale Ebene, auf der Sie sich durch Worte ausdrücken – und eine verdeckte Ebene, auf der Sie sich durch Körpersprache, Betonung, Blicke oder Mimik offenbaren. Im Idealfall drücken Sie auf beiden Ebenen das Gleiche aus.

> Sie sagen zu einer Kollegin: »Ich freue mich auf den Betriebsausflug.« Und in Ihrer Stimme klingt Freude mit, Sie lächeln, Ihre Augen schauen voll froher Erwartung.

Wenn Sie jedoch nicht meinen, was Sie sagen, oder innere Zweifel daran haben, dann ist das auf der verdeckten Ebene spürbar.

> Sie sagen: »Ich freue mich auf den Betriebsausflug!« Aber Ihre Stimme ist tonlos, Ihre Augen drücken Zweifel aus, Ihre Körpersprache signalisiert Abwehr.

Ihre Kollegin wird Ihnen Ihre Freude trotz der verbalen Beteuerung nicht abnehmen – denn wir reagieren auf die verdeckte Ebene stärker als auf die verbale Ebene. Worte sind weniger überzeugend als Körpersprache. Sie verrät, was wir wirklich denken und fühlen. Sie verrät auch, wenn unsere Worte nicht im Einklang mit unseren Gefühlen oder Überzeugungen stehen. Dann kommt beim Gesprächspartner eine doppelte Botschaft an. Was übrigens nicht schlecht sein muss: Dieser »Trick« macht den Reiz beim Flirten aus, auch Ironie funktioniert nach diesem Prinzip.

In Konflikten spielt die verdeckte Ebene eine wichtige Rolle. Sie steht häufig im Widerspruch zu dem, was gesagt wird: mal ganz bewusst, um dem Gesprächspartner etwas indirekt zu vermitteln, was man laut nicht aussprechen möchte; mal unbewusst, weil man innerlich im Zweifel ist oder versucht, seine Gefühle zu unterdrücken.

Mit Sicherheit kann man sagen: Die verdeckte Botschaft kommt in der Regel beim Gesprächspartner an. Und sie sorgt für Verwirrung und Eskalation im Konfliktgespräch, weil er irritiert wird, wenn sie im Gegensatz zur verbalen Botschaft steht.

Was wird auf der verdeckten Ebene ausgedrückt?

Widersprüche zwischen der verbalen und der verdeckten Ebene können Sie auf Folgendes hinweisen:

- *Der Konfliktpartner will oder kann seine Gefühle nicht verbal ausdrücken.* Er argumentiert ganz sachlich mit Ihnen, aber an kleinen

Gesten erkennen Sie, dass er wütend, genervt oder traurig ist: Der Fuß wippt ungeduldig, er kneift die Augen schmal zusammen, er ballt eine Faust so fest, dass die Knöchel weiß hervortreten. Was das für den Konflikt bedeutet, wissen Sie: Diese Gefühle müssen heraus. Sonst sammelt sich etwas an, was den Kompromiss torpedieren, Ihre Beziehung beeinträchtigen oder in einem späteren Konflikt zum Ausbruch kommen kann.

● *Der Konfliktpartner traut sich nicht zu sagen, was er denkt oder fühlt.* Er sagt mit zaghafter Stimme: »Das ist ein guter Vorschlag.« Dabei meidet er Ihren Blick und presst die Lippen zusammen. In Wirklichkeit findet er den Vorschlag überhaupt nicht gut, und wenn er die Grundlage Ihrer Konfliktlösung darstellt, wird diese nicht lange halten.

● *Der Konfliktpartner will Sie manipulieren.* Er bemerkt scheinbar harmlos und sachlich: »Heute ist aber viel Post zusammengekommen. Der Postausgang quillt schon über.« Am Tonfall und den leicht hoch gezogenen Augenbrauen (oder anderen Zeichen) merken Sie, worauf er hinaus will: Sie sollen die Post zur Poststelle bringen. Wenn Sie sich daraufhin dazu bereit erklären, **Wie reagieren Sie auf doppelte Botschaften?** kann er ganz überrascht tun: »Ach, das habe ich gar nicht gemeint, ich hätte auch gehen können. Aber wenn du es machen willst, prima!« Das ist Zündstoff. Passiert das öfters, werden Sie sich manipuliert fühlen.

● *Der Konfliktpartner zeigt, in welcher Beziehung er zu Ihnen steht.* Er sagt: »Ich möchte gerne eine Regelung für den Küchendienst finden, damit wir hier uns darüber nicht immer wieder streiten.« Damit drückt er den Wunsch nach einer guten Arbeitsbeziehung aus. Gleichzeitig sitzt er mit verschränkten Armen, schaut Sie kühl an und zieht die Mundwinkel leicht herab. Möglicherweise will er wirklich eine funktionierende Küchenregel. Aber ob dann

Friede einkehrt, ist ungewiss. Die Körpersprache signalisiert, dass die Beziehung nicht in Ordnung ist und das wohl nicht nur am Küchenchaos liegt.

Wenn Sie feststellen, dass es zwischen den Worten und der Körpersprache Ihres Konfliktpartners Widersprüche gibt, können Sie auf verschiedene Weise reagieren.

Beobachtung
offen legen

Sprechen Sie Ihre Beobachtungen an:

> »Sie sagen, dass Ihnen die Arbeit Probleme macht, aber Sie lächeln dabei freundlich. Was hat das zu bedeuten?«
>
> »Sie stimmen meinem Vorschlag zu, aber ich habe den Eindruck, dass Sie doch Vorbehalte haben. Kann das sein?«
>
> »Möchtest du mir damit zu verstehen geben, dass ich zur Poststelle gehen soll?«

Dadurch offenbaren Sie Ihre Wahrnehmung und das, was Sie daraus schließen, Ihrem Konfliktpartner. Er kann zustimmen oder auch nicht. Wichtig ist, dass Sie nachfragen, ob Ihre Interpretation richtig ist. Sonst fühlt sich der Gesprächspartner in die Ecke gedrängt. Niemand wird gerne ertappt oder durchschaut und es könnte ja auch sein, dass Sie sich irren und die Zeichen falsch deuten. Ihr Gesprächspartner muss selbst entscheiden, ob er auf Ihr Angebot eingeht und seine Karten offen legt oder nicht.

Zu offenen Worten
auffordern

Fragen Sie nach, was Ihr Gesprächspartner meint.

> Er sagt: »Jetzt muss ich mich an Ihren Bericht machen.« (Unterschwellig: Der ist nicht in Ordnung.)
> Sie: »Stimmt was damit nicht?«

Manipulation **ignorieren**
oder offen legen

Haben Sie den Eindruck, Ihr Gegenüber möchte Sie manipulieren, dann gibt es zwei Möglichkeiten, wie Sie reagieren können:

- *Ignorieren Sie die verdeckte Ebene* und beziehen Sie sich nur auf das, was er sagt. Die Bemerkung: »Da ist aber viel Post im Postausgang« quittieren Sie mit einem »Stimmt«. Wenn die Kollegin will, dass Sie die Briefe wegbringen, dann soll sie das deutlich sagen.

- *Nicht hilfreich* ist, wenn Sie auf solche indirekten Appelle einfach reagieren – selbst wenn es Ihnen nichts ausmacht, die Post wegzubringen. Sie leisten damit der indirekten Kommunikation Vorschub. Die Kollegin wird sich darin bestätigt fühlen, dass sie Ihnen auf diesem Wege auch andere Aufträge zuschieben kann – auf Dauer wird Sie das stören.

- *Sprechen Sie aus, was Ihrer Ansicht nach hinter einer Bemerkung steckt*: »Willst du damit sagen, dass ich die Briefe wegbringen soll?« Wenn die Kollegin das bestreitet – umso besser. Sie können auch das zugrunde liegende Problem ansprechen: »Stimmt. Und eine von uns beiden muss sie jetzt zur Post bringen, nicht wahr?« Da wird die Kollegin zustimmen und Sie können miteinander aushandeln, wer dafür am besten Zeit hat oder an der Reihe ist.

- *Nicht hilfreich* ist, wenn Sie gleich in Verteidigungshaltung gehen: »Ja, aber ich habe jetzt keine Zeit, sie wegzubringen.« Die Kollegin kann einfach abwehren: »Das habe ich doch gar nicht gesagt.«

Tipp

Konstruktiver Einsatz der verdeckten Ebene

Selbstverständlich können Sie die verdeckte Ebene auch im positiven Sinne einsetzen:

- Für Kongruenz Ihrer Botschaften sorgen
- Nonverbal Ermutigung und Bestärkung geben
- Beziehung stärken durch Gesten, Körpersprache: Anerkennung deutlich machen, Kontakt fördern

Kapitel 4

Das Konflikt-
gespräch
planen und führen

Viele Konfliktgespräche führen Sie mehr oder weniger spontan: Sie rutschen hinein und haben keine Zeit, sich inhaltlich auf die Situation vorzubereiten. Ihnen platzt der Kragen, Sie fühlen sich von jemandem angegriffen oder abgewertet oder werden unvermutet mit Kritik oder einem störenden Verhalten konfrontiert. Solche Gespräche laufen oft aus dem Ruder, weil Sie sich von Ihren Emotionen hinreißen lassen. Sie sind »dagegen«, wissen aber gar nicht, was Sie stattdessen wollen; Sie versteifen sich auf einen Standpunkt; Sie gehen Kompromisse ein, die Sie anschließend bereuen ...

Konfliktgespräche können Sie aber auch ganz bewusst und planvoll (herbei-)führen. Sie bestimmen, wann, mit wem und in welchem Rahmen Sie über den Konflikt reden. Das hat mehrere Vorteile. Sie können

- *sich inhaltlich vorbereiten:* Ihre Ziele, Interessen und Wünsche bestimmen, eine Strategie für das Gespräch erarbeiten;
- *sich emotional vorbereiten:* sich über Ihre Gefühle klar werden und wie Sie sie äußern wollen;

- *Überlegungen bezüglich der Person* des Konfliktpartners und Ihrer Beziehung zu ihm anstellen und geeignete Strategien vorbereiten;
- *sich mit unbeteiligten Dritten besprechen,* um sich Feedback oder Rat für das bevorstehende Gespräch zu holen.

Sie werden insgesamt feststellen, dass Sie ruhiger und souveräner in das Gespräch gehen, wenn Sie sich gezielt darauf vorbereitet haben.

Manchmal empfiehlt es sich, in einer emotional aufgeladenen Situation zunächst ganz bewusst auf eine Klärung zu verzichten. Wenn sich die Gemüter beruhigt haben und beide Seiten wieder offen für die andere Perspektive sind, kann ein Gespräch mit größeren Erfolgsaussichten geführt werden.

Widerstand beim Konfliktpartner

Ihr Vorschlag, ein Konfliktgespräch zu führen, wird Ihr Gegenüber vielleicht eher reserviert zur Kenntnis nehmen. Das liegt daran, dass viele Menschen Konflikte und deren Klärung lieber vermeiden. Konflikte offensiv anzugehen und aktiv eine Klärung zu suchen ist für viele ungewohnt. Wenn Sie sich entschlossen haben, ein Konfliktgespräch zu führen, dann lassen Sie sich nicht abwimmeln. Vielleicht wehrt Ihr Konfliktpartner Ihren Vorschlag erst einmal aus Angst ab, dass ein Kompromiss in Frage gestellt wird, wieder ein Streit entsteht oder er über Emotionen reden muss. Bleiben Sie hartnäckig – wenn für Sie ein Konflikt nicht bereinigt ist, dann drängen Sie darauf, dass ein Konfliktgespräch stattfindet.

Häufige Abwehrreaktionen sind beispielsweise:

- »Ich habe kein Problem mehr damit, für mich ist die Sache erledigt.« (Unterschwellige Botschaft: »Jetzt mach doch kein Problem daraus!«)
  Sie können antworten: »Für mich ist es noch ein Thema und ich bitte dich, dir anzuhören, aus welchen Gründen das so ist.« (Sie gehen auf das Thema »unnötiges Problematisieren« gar nicht ein.)

- »Ich will nicht schon wieder darüber reden, irgendwann muss mal Schluss sein.« (Unterschwellige Botschaft: »Du reitest sinnlos darauf herum. Du bist lästig, du nervst.«)
  Sie können antworten: »Die Lösung ist für mich noch nicht stimmig. Deshalb ist das Thema noch nicht beendet. Ich möchte mit dir darüber reden.« (Nicht Sie nerven, der Konflikt nervt!)

- »Ich habe jetzt keine Zeit.« (Unterschwellige Botschaft: »Es gibt wirklich Wichtigeres.«)
  Sie können antworten: »Wann hast du Zeit? Es ist mir wirklich wichtig.«

Lassen Sie sich nicht verunsichern durch Abwehr und Widerstand. Meistens verbirgt sich dahinter Angst: »Was werde ich zu hören bekommen? Muss ich mich mit Kritik an meiner Person auseinander setzen? Wird jetzt alles noch viel schlimmer?«

Sie werden aber auch die Erfahrung machen (oder schon gemacht haben): Hinterher ist Ihr Konfliktpartner doch froh, dass die Sache angesprochen und bereinigt wurde. Sie werden für Ihren Mut Anerkennung und Respekt ernten (auch wenn das nicht immer deutlich gesagt wird).

Im Folgenden geht es zunächst darum, wie Sie ein Konfliktgespräch planen können. Anschließend befassen wir uns mit der Situation selbst: Wenn Sie das Gespräch strukturiert führen, kommen Sie weniger leicht in Gefahr, dass es Ihnen entgleitet. Auch wenn Sie unvermutet in ein Konfliktgespräch geraten, können Sie mithilfe einer klaren Gesprächsstruktur das Gespräch steuern und Ihren Beitrag dazu leisten, dass es erfolgreich verläuft.

Tipp

Sie tragen die Hälfte der Verantwortung

Sie können viel beitragen, um ein Konfliktgespräch konstruktiv zu gestalten. Aber Sie haben es nicht alleine in der Hand. Sie tragen die Hälfte der Verantwortung. Die andere Hälfte liegt bei Ihrem Gesprächspartner. Planung und bewusste Steuerung ist keine Garantie dafür, dass der andere sich darauf einlässt. Aber die Chance ist selbstverständlich da: Sie können Angebote machen, »Einladungen« aussprechen und Vorbild sein. Sehr häufig reagiert der Konfliktpartner dann positiv oder macht zumindest mit. Wenn nicht – dann liegt es jedenfalls nicht an Ihnen und Sie müssen sich keinen Vorwurf machen. Klappt ein Konfliktgespräch nicht, so haben Sie es zumindest versucht. Möglicherweise sind die Gräben schon so tief, dass sie nur noch mit Hilfe von außen zu überwinden sind (siehe Kapitel 5: »Grenzen von Konfliktgesprächen«).

DIE PLANUNG EINES KONFLIKTGESPRÄCHS

Für die Planung eines Konfliktgesprächs brauchen Sie Zeit – je nach Ausmaß des Konflikts und Ihrer emotionalen Betroffenheit mehr oder weniger. Nehmen Sie sich Ruhe und Muße, möglichst auch Stift und Papier, um sich für das anschließende Gespräch vorzubereiten.

Nicht alle der folgenden Fragestellungen und Anregungen mögen auf Ihre Situation zutreffen. Suchen Sie sich die aus, die passen. Ziel der Fragen ist zunächst, dass Sie zu einer inneren Klärung kommen.

Dass Sie herausfinden, was eigentlich passiert ist, welches die Ursachen des Konflikts sein könnten und was Sie wollen. Daraus können Sie dann konkrete Vorgehensweisen für Ihr Gespräch ableiten.

Um Ihnen eine Vorstellung davon zu geben, wie das in der Praxis ablaufen kann, hier ist ein Beispiel:

> Julia liegt mit ihrem Kollegen Jörg im Konflikt, weil dieser bei einer Sitzung mit ihrem gemeinsamen Chef ihre Arbeit kritisiert hat. Jörg hielt ihr vor, zu lange an Details einer Broschüre gefeilt zu haben, so dass diese erst mit Verspätung an die Kunden verschickt werden konnte. Julia ist sauer, weil sie ihre Qualitätsarbeit nicht geschätzt sieht und es von Jörg unfair findet, ihr vor dem Chef die alleinige Schuld am Verzug zuzuschieben. Julia will mit Jörg ein Gespräch führen, um Jörg mit seinem Verhalten zu konfrontieren.

Bevor es an den Inhalt geht, bedenken Sie den äußeren Rahmen. Zwischen Tür und Angel hat Ihr Gespräch wahrscheinlich wenig Chancen. Ein Konfliktgespräch sollten Sie in Ruhe und an einem ungestörten Ort führen. Manchmal empfiehlt es sich, »neutralen« Boden aufzusuchen, etwa ein Besprechungszimmer statt des eigenen Büros.

Ort und Zeit für das Gespräch bestimmen

Beachten Sie auch Ihr Zeitkontingent – haben Sie eine Viertelstunde später einen Kundentermin, so wird die Zeit für einen intensiven Austausch über den Konflikt nicht reichen. Sie signalisieren damit, dass Sie das Gespräch nicht wirklich ernst nehmen. Nehmen Sie sich ausreichend Zeit, notieren Sie den Termin in Ihrem Kalender und sorgen Sie dafür, dass nichts dazwischenkommt.

Überlegen Sie sich also:

● Welchen Ort schlagen Sie vor?
● Wie lange wird das Gespräch wahrscheinlich dauern? Räumen Sie eine halbe Stunde mehr ein, als Sie eigentlich veranschlagen.

- Welche Uhrzeit wäre Ihnen am angenehmsten? (Wann fühlen Sie sich fit, wann werden Sie normalerweise wenig gestört?)
- Falls Ihnen Ihr Konfliktpartner einen Gegenvorschlag macht: Welche Orte und welche Zeiten kommen für Sie nicht in Frage?

Tipp

»Wichtige« Termine

Eine beliebte Abwehrstrategie gegen als unangenehm empfundene Situationen ist das kurzfristige Verschieben von Terminen. Sei es, weil plötzlich ein anderer »dringender« Termin auftaucht, ein Verkehrsstau aufhält oder eine Krankheit dazwischenkommt. Man würde ja gerne, aber leider klappt es nicht – aus Gründen, die man nicht beeinflussen kann. Aber der nächste Termin klappt dann auf jeden Fall ...

Eine Faustregel im Verhaltenstraining lautet[12]: Passiert etwas einmal, so ist es Zufall. Passiert das Gleiche ein zweites Mal, so ist es auffällig. Passiert es zum dritten Mal, dann hat es System.

Egal, ob Sie oder Ihr Gesprächspartner für das Verschieben des Termins verantwortlich sind – wird er zum dritten Mal verlegt, so sollten Sie sich oder den anderen ernsthaft hinterfragen:

- Was hält Sie ab, den Termin einzuhalten?
- Wollen Sie wirklich eine Klärung? Gibt es innere Stimmen, die eigentlich keine Klärung wollen, Befürchtungen haben, darin keinen Sinn sehen, sich »trotzig« verweigern? Was müssen Sie mit sich klären, ehe Sie den Konflikt klären können?
- Was können Sie bei einer Klärung des Konflikts gewinnen? Was passiert, wenn alles so weiterläuft wie bisher?

An einem Konfliktgespräch sollten nur diejenigen teilnehmen, die es unmittelbar betrifft. Im Zweifel handelt es sich also um ein Gespräch unter vier Augen. Sind andere Personen anwesend, ist das Risiko groß, dass Sie beide oder einer von Ihnen »für das Publikum spielt«. Ziel ist dann, Anerken- **Teilnahme anderer** nung oder Unterstützung bei anderen zu finden, **Personen** und nicht mehr, den Konflikt an sich zu klären. Um sich keine Blöße zu geben oder »Schwäche« zu zeigen, agieren manche Menschen in Gegenwart anderer weitaus härter und uneinsichtiger (oder nachgiebiger) als in einem Zweiergespräch. Es kann sein, dass der gefundene Kompromiss dann »faul« ist und nicht von der inneren Überzeugung getragen wird.

Außerdem besteht bei Gegenwart anderer Personen die Gefahr, dass diese sich einmischen und sich der Konflikt ausweitet. Bricht also beispielsweise in einem Meeting ein Streit aus, in den nur Sie und eine andere Person verwickelt sind, dann schlagen Sie vor, ihn zu einem anderen Zeitpunkt zu klären. Oder Sie unterbrechen das Meeting für eine halbe Stunde, um das Thema unter vier Augen zu klären.

Bestehen Sie darauf, dass nur die Personen beim Konfliktgespräch anwesend sind, die davon unmittelbar betroffen sind. Stellen Sie im Vorfeld folgende Überlegungen an:

- Wer genau ist von dem Konflikt betroffen?
- Wer war Teilnehmer, Zuschauer, Einmischer? Wie können Sie organisieren, dass diese Personen nicht beim Gespräch dabei sind?

Julia und Jörg teilen ein Zimmer mit einer weiteren Kollegin, Anna. Diese ist von dem Konflikt inhaltlich nicht betroffen, da sie an dem Projekt nicht mitgearbeitet hat. Deshalb beschließt Julia, ein Besprechungszimmer als »neutralen« Ort für das Gespräch vorzuschlagen. Ihrer Einschätzung nach genügt dafür eine Stunde.

Ihre **Sicht**

Jede Situation kann aus unterschiedlichen Perspektiven betrachtet werden. Jetzt geht es um Ihre Sicht. Führen Sie sich noch einmal die Situation vor Augen, die den Konflikt ausgelöst hat:

● Wie haben Sie die Situation wahrgenommen?

● Wann wurde ein »Problem« für Sie daraus? Was hat den Konflikt ausgelöst?

● Welche Position haben Sie vertreten?

> **Julia** fand die Überarbeitung der Broschüre notwendig. Jörg hatte einige Textpassagen geschrieben, die ihrer Ansicht nach stilistisch noch nicht gut und voller Rechtschreibfehler waren.
>
> Unmittelbarer Konfliktauslöser war ihrer Ansicht nach Jörgs überraschende Schuldzuweisung vor dem Chef. Sie reagierte sofort mit einem Gegenangriff, indem sie Jörg die Schuld am schlechten Text und damit an der Verzögerung gab. Da sie den Text erst kurz vor dem Abgabetermin gesehen hatte, fand sie nicht, dass sie die Verzögerung verschuldet hatte.

Ihre **Gefühle**

Der Konflikt wird meistens erst einmal von Gefühlen beherrscht. Sie beziehen sich auf unterschiedliche Aspekte: Ärger auf den Konfliktpartner, Angst vor den Folgen, Enttäuschung, dass man verletzt oder ungerecht behandelt wurde ... Nicht alle Gefühle haben tatsächlich etwas mit dem aktuellen Konflikt zu tun, sondern sie werden durch ihn nur wieder wachgerufen. Versuchen Sie deshalb, erst Ordnung in Ihre Gefühlswelt zu bringen:

- Welche Gefühle löst der Konflikt bei Ihnen aus?
- Welche Gefühle gehören Ihrer Ansicht nach direkt zum Konflikt?
- Welche Gefühle haben mit ähnlichen Situationen zu tun, die Sie in der Vergangenheit erlebt haben?
- Welche Gefühle möchten Sie dem Konfliktpartner zeigen? Formulieren Sie konkret, wie Sie das ausdrücken möchten.

Coaching
für **alte** Gefühle

Vielleicht reicht es Ihnen, sich bewusst zu machen, dass die »alten« Gefühle nichts mit dem aktuellen Konflikt zu tun haben, um den Konfliktpartner nicht mit Gefühlen zu konfrontieren, die er gar nicht ausgelöst hat. Wenn Sie diese »alten« Gefühle aber immer wieder in Konfliktsituationen erleben, dann ist es ratsam, sie mithilfe eines Coaches zu bearbeiten. Sonst funken sie Ihnen immer wieder dazwischen.

Julias Ärger bezog sich vor allem auf Jörgs unsolidarische Haltung, sie gegenüber dem Chef anzuschwärzen, ohne vorher mit ihr gesprochen zu haben. Sie fühlte sich bloßgestellt und ungerecht behandelt.

Direkt nach dem Gespräch empfand sie Angst, dass die Beziehung zu Jörg noch schwieriger werden würde, als sie schon war. Sorgen machte ihr auch, wie ihr Chef wohl ihren Emotionsausbruch bewerten würde.

Spontane Wut bei Ungerechtigkeiten kannte Julia aus ihrer Vergangenheit. Einen Teil ihres Ärgers konnte sie der Tatsache zuordnen, dass Jörg sie an einer empfindlichen Stelle getroffen hatte.

Sie fand heraus, dass ihre Wut aber nicht nur der vermeintlichen Ungerechtigkeit galt, sondern auch der Tatsache, dass sie immer wieder Jörgs Texte überarbeiten musste und von ihm dafür keine Anerkennung bekam. Darüber hatte sie sich schon wiederholt geärgert, das aber nie gezeigt. Ihr heftiger Ausbruch war auch Folge des seit längerem angestauten Ärgers. Hätte sie das Problem früher angesprochen, wäre sie wohl nicht derart explodiert.

Sie kam zu dem Schluss, dass sie Jörg gegenüber diesen Ärger diesmal ansprechen musste, um ihm deutlich zu machen, welche Dimension der Konflikt für sie inzwischen hatte.

Die Befürchtungen hinsichtlich der Reaktion ihres Chefs wollte sie anschließend in einem Gespräch mit ihm klären.

Ihr **Beitrag** zum Konflikt

Die Diskussion um »Schuld« verengt den Blick: Meist sieht man sie beim anderen und übersieht den eigenen Anteil am Konflikt, der aber fast immer eine Rolle spielt. Reflektieren Sie deshalb möglichst selbstkritisch:

- Mit welchem Verhalten haben Sie zur Eskalation des Konflikts beigetragen? Welches Verhalten bewirkte, dass der Konflikt abgeschwächt wurde?
- Gibt es bestimmte Köder oder wunde Punkte, auf die Sie eingestiegen sind?

Julia erkennt als ihren Beitrag zum Konflikt:

- Sie hat mit einem Gegenangriff reagiert und damit die Situation verschlimmert.
- Sie hat den darunter liegenden Konflikt um die häufig notwendigen Textkorrekturen nicht angesprochen und das Problem verschleppt.

Blick zurück
in die **Vergangenheit**

Die meisten Konflikte haben bereits eine Vorgeschichte. Vielleicht haben Sie den Konflikt ignoriert, Gefühle heruntergeschluckt oder sogar schon vergebliche Lösungsversuche unternommen. Halten Sie sich die Vorgeschichte des Konflikts vor Augen, damit Sie erkennen können, welches Verhalten von Ihrer Seite den Konflikt positiv oder negativ beeinflusst hat.

- Wie oft und bei welchen Gelegenheiten ist es in der Vergangenheit bereits zu solchen oder ähnlichen Situationen gekommen?
- Steckt hinter dem vordergründigen Thema eigentlich ein anderer Konflikt?
- Was haben Sie in der Vergangenheit getan, um den Konflikt zu lösen?
- Welches waren die positiven, welches die negativen Folgen? Warum hat das den Konflikt nicht gelöst?
- Wenn Sie nichts für die Lösung unternommen haben: Aus welchen Gründen? Was haben Sie befürchtet?

Julia überarbeitet Jörgs Texte häufig und gibt ihm indirekt immer wieder zu verstehen, dass er kein guter Texter sei. Sie hat sich oft geärgert, dass sie wegen seiner Texte in Stress geraten ist, weil sie sie in letzter Minute noch überarbeiten musste. Ehrlicherweise muss sie bekennen, dass sie diesmal die Frist absichtlich überschritten hat, um Jörg zu demonstrieren, wie viel Überarbeitungszeit seine Texte sie jedesmal kostet. Sie sieht folgende Konfliktthemen:

- Jörgs und ihr eigenes Verhalten in Gegenwart des Chefs
- die Zusammenarbeit mit Jörg in Bezug auf das Texten/Überarbeiten seiner Texte

- die allgemeine Beziehung zu Jörg
  Julia muss sich eingestehen, dass sie bisher nichts unternommen hat, was den Konflikt tatsächlich hätte bereinigen können. Sie überlegt lange, aus welchen Gründen, und kommt zum Schluss, dass sie wohl insgeheim Jörgs Texte ganz gerne überarbeitet hat, um ihm ihre Überlegenheit zu demonstrieren. Beide liegen in einem permanenten Konflikt darüber, ob die Qualität der Arbeit wichtiger ist (was Julias Ansicht ist) oder die Einhaltung von Terminen, selbst wenn das auf Kosten der Qualität geht (was Jörg wichtiger findet). Deshalb fügt sie noch ein weiteres Thema zu ihrer Liste:
- Qualitätsarbeit kontra effektive Erledigung

Ihr **Bezugsrahmen**

Jetzt geht es darum, Ihren eigenen Bezugsrahmen zu hinterfragen:

- Welches sind Ihre Überzeugungen in Bezug auf das strittige Thema?
- Auf welchen Erfahrungen in Ihrem Leben beruht Ihre Position?

Julia ist aufgewachsen mit dem Motto: »Was du tust, tue richtig und ganz.« Es widerstrebt ihr zutiefst, etwas nur halb zu machen und unfertig abzugeben.

Sie ärgert sich, wenn sie in Prospekten und Broschüren anderer Unternehmen Fehler findet. Sie schließt dann von der Qualität der Broschüren auf die Qualität der Produkte des Unternehmens. Sie ist der Überzeugung, dass die Kunden ihres Unternehmens ähnlich reagieren wie sie selbst und es letztlich dem Unternehmen mehr schadet, wenn fehlerhafte Texte nach außen gehen, als wenn die Broschüren etwas zu spät geliefert werden.

Welche **Interessen** haben Sie?

Jetzt geht es darum, was Sie eigentlich erreichen wollen. Sie haben sich in diesen Konflikt begeben, weil Sie bestimmte Interessen damit verbinden. Machen Sie sich bewusst, welches Ihre Motive sind:

- Welches sind Ihre Interessen im Konflikt? Warum vertreten Sie Ihre Position?
- Welche Interessen haben Sie in Bezug auf die Beziehung und Zusammenarbeit mit dem Konfliktpartner?
- Machen Sie jetzt ein Ranking: Welche Ihrer Interessen sind Ihnen am wichtigsten, welche sind weniger wichtig?

Julia definiert als ihre Interessen:

- kein Stress mehr aufgrund der Überarbeitung von Jörgs Texten
- Anerkennung für ihre qualitätsvolle Textarbeit
- respektvolle Kooperation
- angenehmes Klima im gemeinsamen Zimmer
- keine Streitereien vor dem Chef
- »Rehabilitierung« gegenüber dem Chef

Julia ist die Rehabilitierung gegenüber dem Chef weniger wichtig als die Reorganisation der Zusammenarbeit und die Arbeitsbeziehung zu Jörg.

Welche **Ziele** haben Sie für das Gespräch?

Wie wichtig es ist, dass Sie Ihre Ziele klar und positiv benennen können, habe ich schon im ersten Kapitel erwähnt. Formulieren Sie sie so konkret wie möglich:

- Was wollen Sie bestenfalls erreichen? Welches wäre Ihr Minimalziel?
- Welche Konsequenzen hat Ihr Ziel für den Konfliktpartner/für Ihre Beziehung zu ihm?
- Mit welchem Ergebnis wären Sie nicht zufrieden?

Julias Ziele:

Maximal: Zuständigkeit für alle Texte; bessere Absprachen mit Jörg; Aktionen, die die Beziehung zu Jörg verbessern, ohne dass sie sich jetzt schon genau vorstellen kann, was das ist.

Minimal: Zeitpläne für Überarbeitung der Texte.

Nicht zufrieden: Alles läuft so weiter wie bisher.

Sie können **andere** nicht verändern

Möglicherweise verlangen Ihre Ziele von Ihrem Konfliktpartner eine Änderung seines Verhaltens. Das können Sie aber nur als Wunsch oder Vorschlag äußern – verlangen können Sie es nicht.

Der Konfliktpartner Die Verhaltensänderung muss für Ihren Konfliktpartner machbar und erwünscht sein – aus seiner Sicht. Und er muss einen Anreiz haben, sein Verhalten zu ändern: Im Zweifel bedeutet das auch, dass Sie etwas an Ihrem Verhalten verändern.

Im zweiten Teil Ihrer Gesprächsplanung setzten Sie sich die Brille Ihres Konfliktpartners auf. Ihre Erkenntnisse sind natürlich Hypothesen – was im anderen tatsächlich vor sich geht, wissen Sie nicht. Aber Ihre Überlegungen zeigen Ihnen, was Sie bei ihm erfragen müssen, um seine Sicht zu verstehen.

Der Konfliktpartner in
Ihren Augen

- Was für ein Mensch ist Ihr Konfliktpartner? Was charakterisiert ihn?
- Was schätzen Sie grundsätzlich an ihm? In welchen Bereichen haben Sie sich bisher gut verstanden? Was läuft trotz des Konflikts immer noch gut oder akzeptabel weiter?
- Gibt es etwas, um das Sie ihn heimlich beneiden, Groll hegen, ihn fürchten ...?

Jörg kommt nach Julias Ansicht mit vielen Menschen gut aus, kann gut organisieren, ist meistens gut gelaunt und gerne in anderen Abteilungen unterwegs, um sich mit anderen auszutauschen. Detailarbeit ist nicht sein Ding, da empfindet Julia ihn als oberflächlich.

Sie schätzt an ihm, dass er gute Stimmung verbreitet und oft organisatorische Aufgaben übernimmt, was Julia nicht gerne macht. Im Großen und Ganzen empfindet sie die Zusammenarbeit als in Ordnung.

Manchmal hat Julia das Gefühl, dass sie neben Jörg nicht richtig zur Geltung kommt, weil sie viel ruhiger und zurückhaltender ist. Ein bisschen beneidet sie ihn darum, dass er bei anderen so gut ankommt, und sie versteht nicht, dass andere seine Oberflächlichkeit nicht so deutlich sehen wie sie.

Tipp »Verwechseln« Sie den Konfliktpartner?

Manchmal erinnern uns Kleinigkeiten bei unserem Gesprächspartner – bestimmte Gesten, Körperhaltungen, Wörter oder Kleidungsstücke – an eine Person von früher. Innerlich verwechseln wir diese beiden Personen unbewusst. Das kann im Alltag immer mal passieren – im Konflikt kann es zur Verschlimmerung der Situation beitragen. Denn Sie reagieren dann nicht mehr auf die Person, die Ihnen gegenübersteht, sondern auf die von früher, über die Sie sich schon damals heftig geärgert haben (oder die Sie deprimiert, verängstigt ... hat). Etwa wenn Ihr Vorgesetzter sich vor Ihrem Schreibtisch aufbaut, wie das früher ein Lehrer tat, mit dem Sie oft Schwierigkeiten hatten. Oder eine Kollegin schlägt den gleichen überfürsorglichen Tonfall an wie Ihre Mutter, wenn sie Ihnen ungebetene Ratschläge gab. Gefühlsmäßig reagieren Sie auf diese früheren Personen oder Situationen – und deshalb viel heftiger, als es der realen Situation eigentlich entspricht. Für Ihren Gesprächspartner ist Ihre heftige Reaktion unverständlich und er fühlt sich in seinen Motiven – zu Recht – missverstanden.

Solche Verwechslungen kann es nicht nur in Bezug auf Personen geben, sondern auch in Bezug auf Orte oder Situationen. Kennzeichnend ist, dass Sie sich innerlich in der Vergangenheit befinden, ohne dass Sie sich dessen bewusst sind.

Solchen Übertragungen[13] können Sie vor allem durch Ihre Gefühle auf die Spur kommen. Sind diese heftiger, als es »eigentlich« der Situation entspricht, könnte eine Übertragung vorliegen. Fragen Sie sich: »Warum reagiere ich auf diesen Menschen derart ablehnend?« »Warum hat mich die Situation so traurig gemacht?«

Die Erkenntnis, dass hier ein »Link« in die Vergangenheit besteht, kann es Ihnen leichter machen, die Person (Ort/Situation) von heute und die von damals zu trennen und Ihre Gefühle von damals nicht auf den aktuellen Konfliktpartner zu übertragen.

Die Beziehung

Analysieren Sie den derzeitigen Stand Ihrer Beziehung zum Konfliktpartner:

- Was haben Sie bisher getan, um für eine gute Beziehung zu sorgen? Was haben Sie dazu beigetragen, dass die Beziehung
schlechter wurde?
- Was können Sie tun, um die Beziehung zu verbessern?

> Julia hat sich angewöhnt, Jörgs Texte umzuarbeiten, ohne das an-
> schließend mit ihm zu besprechen. Seine Einwände hat sie meist mit
> Hinweis auf die knappe Zeit abgebügelt, da sie keine Lust hatte, ihm lan-
> ge Erklärungen zu geben.
> Die Beziehung zu Jörg hat sie bisher eher vernachlässigt und sich mehr
> an ihre Kollegin Anne gehalten. Beide verstehen sich gut und verbringen
> meist ihre Mittagspausen miteinander. Möglicherweise fühlte sich Jörg
> dadurch ausgeschlossen.
> Verbessern könnte Julia die Beziehung zu Jörg durch:
> - mehr Gespräche über die Arbeit, besonders was die Textkritik betrifft
> - Anerkennung, wenn er Arbeit übernimmt, die sie ungern erledigt
> - stärkere Einbeziehung, etwa in den Mittagspausen

Die **Sicht** des Konfliktpartners

- Wie könnte der Konfliktpartner die Situation wahrgenommen haben? Was würden Sie gerne wissen, um sein Verhalten besser zu
verstehen?
- Welche Informationen hätten Sie gerne vom Konfliktpartner, um
seine Gefühle zu verstehen?

- Welche Motive und Interessen könnte Ihr Konfliktpartner in diesem Konflikt haben? Was würden Sie gerne wissen?
- Wo vermuten Sie gemeinsame Interessen?

> **Julia** beschließt, Jörg ein paar grundlegende Dinge zu fragen:
>
> - warum er die Schuld vor dem Chef auf sie schob, obwohl ihm das Problem mit seinen Texten bekannt war
> - wie er es empfindet, wenn sie seine Texte überarbeitet
> - wie er die Beziehung zu ihr und zwischen den drei Kollegen insgesamt findet
>
> Sie sieht folgende Gemeinsamkeiten:
> - Interesse an besserer Kooperation
> - künftig ähnliche Konflikte vermeiden
> - Arbeitsteilung je nach Fähigkeiten

Oft haben andere ein geheimes Interesse daran, wenn Sie sich mit einem Dritten im Konflikt befinden: Sie trauen sich nicht selbst, ein Konfliktgespräch zu führen, hoffen insgeheim, dass sie **Das Umfeld** selbst profitieren, wenn Sie es stellvertretend für sie führen, oder finden Genugtuung darin, wenn Sie ebenso unzufrieden sind wie sie selbst. Deshalb empfiehlt es sich, auch einen kritischen Blick auf das Umfeld zu werfen:

- Wer hat den Konflikt wie gefördert (indem er Sie anstachelte, Ihre Sichtweise bestärkte, Informationen lieferte, mit Ihnen über den Konfliktpartner lästerte ...)? Welche Interessen hat derjenige daran?
- Wer ist noch an dem Konflikt beteiligt, bleibt aber passiv (durch Raushalten, Ignorieren, Abwerten ...)?
- Wer hat Sie unterstützt, den Konflikt konstruktiv beizulegen? Auf welche Weise?

● Was können Sie tun, um den Konflikt auf die Personen zu beschränken, die er tatsächlich betrifft? Welche Konsequenzen hat das?

> Obwohl Anne, Julias Kollegin, kaum eigene Konflikte mit Jörg hat, lästert sie oft und gerne mit Julia hinter Jörgs Rücken, was Jörg sicher nicht ganz verborgen geblieben ist. Julia erkennt, dass sie für eine bessere Beziehung zu Jörg auch das Lästern und die Ausgrenzung einstellen muss und dass dies ihr Verhältnis zu Anne beeinflussen wird. Sie nimmt sich vor, Anne hinterher nichts von den Inhalten ihres Gesprächs mit Jörg zu erzählen. Stattdessen will sie ein Gespräch zu dritt über ihre Zusammenarbeit und die Atmosphäre im Büro anregen.

Macht ein Konfliktgespräch **Sinn**?

Gerade mit dem Blick auf die Vergangenheit sollten Sie kritisch hinterfragen, ob der Konflikt wirklich durch ein oder mehrere Gespräche gelöst werden kann. Wenn Sie es schon ein oder zwei Mal versucht haben, sich nichts vorwerfen können und zu keiner Lösung kommen, dann ist eine externe Vermittlung angebracht: Entweder Sie haben »blinde« Flecken oder der Konflikt ist so eskaliert, dass er von Ihnen alleine nicht zu lösen ist. Dann ist eine Vermittlung von außen sinnvoll (siehe Kapitel 5: »Grenzen von Konfliktgesprächen«). Wenn Sie zu diesem Schluss kommen, dann überlegen Sie:

Konkretes Vorgehen

● Welche Art der Unterstützung von außen brauchen Sie, können Sie sich beschaffen?
● Was hindert Sie, sich Unterstützung zu holen?

Jetzt haben Sie viel »Material« gesammelt. Nicht alles davon werden Sie im Gespräch tatsächlich verwenden, vieles dient nur Ihrer eigenen Klärung.

Praxis

Sie können sich jetzt einen kleinen Spickzettel schreiben und notieren, was Sie tatsächlich im Konflikt vorbringen wollen:

- Ihre Sichtweise, Ihre Interessen, Ihre Ziele
- Ihre Gefühle, die Sie zum Ausdruck bringen möchten
- Ihre Fragen an den Konfliktpartner bezüglich dessen Sichtweise, Interessen, Ziele
- mögliche Gemeinsamkeiten
- Ihre Vorschläge, um die Beziehung zu stärken

Entwickeln Sie einen **inneren Film**

Gute Vorbereitung gibt schon viel Sicherheit. Jetzt wissen Sie, was Sie sagen möchten und was Ihnen wichtig ist. Nun bereiten Sie sich zusätzlich mental darauf vor:

- Was befürchten Sie? Wie realistisch sind diese Befürchtungen? Was können Sie tun, damit sie nicht wahr werden?
- Welche Reaktionen (Verhalten, Gefühle) wird der Konfliktpartner in dem Gespräch wahrscheinlich zeigen? Wie wollen Sie damit umgehen?
- Stellen Sie sich den positiven Gesprächsablauf in möglichst konkreten Szenen vor. Visualisieren Sie, wie Sie es schaffen und was für ein Gefühl Sie anschließend haben.

Bleiben Sie nicht in negativen Szenarien hängen. Es ist gut, sich einmal mögliche Hindernisse und Widerstände vorzustellen und zu überlegen, wie Sie darauf reagieren. Aber dann haken Sie das Problem ab, bis es tatsächlich aktuell ist.

Vielleicht hilft es Ihnen auch, den Ablauf des Gesprächs noch einmal mit einer Freundin durchzusprechen. Geben Sie ihr Informationen darüber, was für ein Mensch Ihr Konfliktpartner ist. Anschließend versucht die Freundin, mit dessen »Ohren« Ihre Darstellung zu hören, und kann Ihnen Rückmeldung geben, wie das möglicherweise bei ihm ankommt.

FÜHREN EINES KONFLIKTGESPRÄCHS

Im besten Fall konnten Sie sich, wie beschrieben, ausgiebig auf die Situation vorbereiten. Im schlechtesten Fall rutschen Sie unvermutet in ein Konfliktgespräch und wollen oder können es nicht verschieben. Egal mit welchen Voraussetzungen Sie in das Gespräch gehen – wenn Sie es gut strukturieren, können Sie dazu beitragen, dass es geordnet und ergebnisorientiert abläuft. Wie immer gilt: Gehen Sie mit gutem Beispiel voran. Ob Ihr Konfliktpartner sich auf diese Struktur einlässt, liegt nicht in Ihrer Hand. Aber oft besteht die Bereitschaft dazu.

Die folgende Struktur für ein Konfliktgespräch orientiert sich am GROW-Modell[14], das ich in manchen Phasen etwas abgeändert habe. Es bietet ein klares, verständliches Gerüst, das Ihnen während des Gesprächs zur Orientierung dient.

G = Goal setting/Ziel des Gesprächs bestimmen

R = Reality checking/Realität überprüfen

O = Options/Optionen, Lösungsmöglichkeiten suchen

W = W-Questions/W-Fragen beantworten, konkrete Vereinbarungen festlegen

In den meisten Gesprächen bleibt man entweder in der Phase des Austauschs der Standpunkte hängen und es werden nie Maßnahmen beschlossen, die die Situation tatsächlich ändern sollen, oder man sucht viel zu schnell nach Lösungen, ohne die Hintergründe des Konflikts zu verstehen. Entsprechend sind die Lösungen dann auch nicht tragfähig.

Goal setting – **Ziel** des Gesprächs bestimmen

Zunächst müssen Sie sich mit Ihrem Konfliktpartner darüber einigen, dass überhaupt ein Gespräch stattfinden soll. Wenn Sie mit der Tür ins Haus zu fallen, erzeugt das nur Widerstand. Der andere fühlt sich überfallen und wehrt erst einmal ab. Deshalb:

● Äußern Sie den Wunsch nach einem Gespräch. Nennen Sie kurz das Thema und umreißen Sie mit ein oder zwei Sätzen, warum es Ihnen wichtig ist, darüber zu sprechen.

● Sagen Sie, dass Sie das Gespräch jetzt oder zu einem Zeitpunkt in absehbarer Zeit führen wollen. Schlagen Sie einen Ort vor und einigen Sie sich auf einen konkreten Zeitpunkt. Gehen Sie nicht weg, ohne ein Datum, eine Uhrzeit und einen Ort für das Gespräch vereinbart zu haben.

»Ich möchte gerne mit Ihnen über das Meeting heute morgen sprechen. Wie Sie darin meine Arbeit bewertet haben, hat mich aus der Fassung gebracht. Ich möchte gerne die Gründe genauer kennen lernen, die Sie zu dieser Meinung gebracht haben. Passt es Ihnen, wenn wir jetzt gleich und hier darüber reden?« »Wann passt es Ihnen genau? Wo wollen wir das Gespräch führen?«

Sucht jemand umgekehrt das Gespräch mit Ihnen, können Sie natürlich genauso bestimmen, wann Sie reden möchten. Haben Sie einen Termin oder fühlen Sie sich innerlich zu aufgewühlt, dann können Sie ebenso darum bitten, das Gespräch auf einen anderen Tag zu verschieben.

Vereinbaren Sie zu Beginn des Gesprächs, wie viel Zeit Sie dafür ansetzen wollen. Länger als eine oder eineinhalb Stunden sollte ein Gespräch unter vier Augen nicht dauern. Sonst wird es zu anstrengend und belastend. Ist es innerhalb dieses Zeitraums zu keiner Klärung gekommen, so ist es sinnvoll, eine Pause zu machen und es zu einem anderen Zeitpunkt fortzusetzen. Oder es ist ein Hinweis darauf, dass externe Hilfe zur Klärung nötig ist, weil Sie sich im Kreis drehen.

Den Rahmen festlegen

Das Gespräch sollte möglichst ungestört verlaufen. Gemeinsam sollten Sie vereinbaren, Störungen von außen möglichst auszuschließen:

- Telefon umschalten; Handy auf die Mobilbox umleiten
- Besuche abblocken

Sie oder Ihr Gesprächspartner haben das Thema kurz umrissen. Ehe Sie ins Detail gehen, sollten Sie miteinander vereinbaren, welches das Ziel des Gesprächs ist. Ist das Thema komplex, dann ist es besser, erst einmal einen Aspekt herauszugreifen. Aber nicht den, der am leichtesten zu lösen ist, sondern möglichst den Knackpunkt, soweit er schon zu erkennen ist. Das schwierigste Thema muss zuerst angegangen werden, mit ihm lösen sich die »Randprobleme« anschließend meist viel leichter.

Wenn Sie das Gesprächsthema klar eingrenzen, verhindern Sie, dass Sie vom Hundertsten ins Tausendste kommen. Schweift der Gesprächspartner dann ab, können Sie auf die anfängliche Vereinbarung hinweisen und bitten, das neue Thema erst einmal zurückzustellen. Möglicherweise hilft es, alle auftauchenden Aspekte des Themas schriftlich zu fixieren, damit beide das Gefühl haben, es geht nichts verloren.

Das Ziel des Gesprächs

Hanna, eine Lehrerin, möchte mit ihrer Klasse ein Umweltprojekt organisieren. Zufällig stellt sich heraus, dass ein Kollege ein ganz ähnliches Projekt mit seiner Klasse plant. Es macht Sinn, das Projekt von beiden Klassen gemeinsam durchführen zu lassen. Der Kollege lehnt aber jegliche Kooperation ab. Im Gespräch stellt sich heraus, dass er mit diversen Dingen an der Schule nicht zufrieden ist und deshalb prinzipiell an gemeinsamen Projekten kein Interesse hat. Beide sammeln diese Punkte und beschließen, sie in der Lehrerversammlung einzubringen. Erst nachdem der Kollege seinen grundsätzlichen Unmut formuliert und dafür ein Forum gefunden hat, ist er innerlich bereit, über das eigentliche Thema, die gemeinsame Kooperation bei dem Umweltprojekt, zu reden.

Tipp

Konfliktgespräche mit Chefs

»Ich kann doch nicht mit meinem Chef ein Konfliktgespräch führen!«, höre ich immer wieder als Einwand. Warum nicht? Wenn Sie ein Problem haben, können Sie nicht darauf warten, dass Ihr Chef oder Ihre Chefin Ihnen das an der Nasenspitze ansieht. Sie müssen selbst aktiv werden, um für Ihre Interessen einzutreten oder die Beziehung zu klären. Gute Vorbereitung ist noch wichtiger, da Sie möglicherweise nervöser sind als in einem Gespräch mit einem Kollegen. Je klarer Sie Ihre Perspektive und Ihre Ziele verdeutlichen, desto mehr Eindruck macht das. Machen Sie konkrete Vorschläge und finden Sie auf diese Weise heraus, wie weit Sie mitbestimmen können. Schöpfen Sie Ihre Möglichkeiten der Mitgestaltung so weit wie möglich aus.

Reality checking – **Realität** überprüfen

In dieser Phase des Gesprächs geht es um die Vergangenheit: Es gilt herauszufinden, was – aus den unterschiedlichen Sichtweisen heraus – eigentlich passiert ist:

- Darstellung der eigenen Wahrnehmung und der Gefühle, die die Situation ausgelöst hat
- Fragen an Konfliktpartner, um seine Sicht zu erfahren
- Austausch über die unterschiedlichen Wahrnehmungen
- Fragen nach Hintergründen für die unterschiedliche Wahrnehmung: Vergleich der Bezugsrahmen

Ziel dieser Phase ist, Missverständnisse auszuräumen und zu erkennen, wie man den Konflikt wahrnimmt. Wichtig ist deshalb:

- Keine Vorwürfe, Anschuldigungen oder Unterstellungen; jeder formuliert »Ich-Sätze«: »Ich habe es so wahrgenommen ...«

- Keine Bewertungen: »Das ist falsch!« »Das war nicht so!« Sie haben es anders wahrgenommen als der andere – deswegen haben Sie ja einen Konflikt. Lassen Sie abweichende Blickwinkel gelten, wehren Sie sich höflich gegen eine Abwertung Ihrer Perspektive.

- Keine Rechtfertigungen: Erklären Sie Ihr Verhalten, aber rechtfertigen Sie sich nicht.

- Aktive Beziehungsförderung durch Anerkennung: Verständnis äußern, zuhören, Fragen stellen, Respekt zeigen.

Gefordert ist in dieser Phase auch eine gewisse Toleranz gegenüber Gefühlen: Ärger lässt den Tonfall lauter oder die Wortwahl heftiger werden. In einem gewissen Rahmen sollten das beide Seiten aushalten und nicht jedes Wort auf die Goldwaage legen. Der Ärger der Konfliktpartner sollte Sie nicht verleiten, sich zu verteidigen oder lebhaft zu schildern, wie sehr Sie sich geärgert haben. Akzeptieren Sie den Ärger, ohne dabei etwas zu bewerten oder zu rechtfertigen:

- »Ich merke, wie sehr dich das geärgert hat.«

- »Du hast eine ganz schöne Wut im Bauch, oder?«

Wenn Sie es aushalten, dass der andere dann »Genau!« sagt, und einfach nur zustimmend nicken, dann bewirkt das meistens, dass er plötzlich seinen Ärger loslassen und wieder sachlicher mit Ihnen reden kann. Vielleicht können Sie ja tatsächlich verstehen, dass er – aus seiner Sicht – verärgert ist. Das anzuerkennen bedeutet noch nicht, dass Sie die »Schuld« auf sich nehmen.

Options –
Optionen entwickeln

Konflikte, in denen es nur um die Aufarbeitung der Vergangenheit geht, sind nach der zweiten Phase oft schon weitgehend erledigt. Sinnvoll ist es aber dennoch, sich gemeinsam die Frage zu stellen: Was können wir in Zukunft tun, dass es nicht wieder zu einer solchen Situation kommt?

Möglichkeiten sind:

- mehr geregelte Zeiten, um über die gemeinsame Arbeit zu sprechen
- Informationsaustausch optimieren
- sich gegenseitig (positives) Feedback geben
- Treffen außerhalb der reinen Arbeitsbeziehung, um die Beziehung zu pflegen (etwa einmal pro Woche gemeinsam zum Mittagessen gehen)
- feste Zeit, in denen ein Metagespräch über die Art der Zusammenarbeit geführt wird

Andere Konflikte brauchen noch eine weitergehende Lösung. Zwar versteht man jetzt, was im anderen vorgeht, damit sind die Gegensätze jedoch noch nicht vom Tisch. Aber es besteht jetzt wieder mehr Vertrauen und Offenheit, um über Lösungsmöglichkeiten zu sprechen. Jetzt ist der Zeitpunkt, sich über die jeweiligen Interessen auszutauschen:

- Welche Interessen hat jede Seite?
- Welche Gemeinsamkeiten gibt es?
- Welche Lösungsoptionen sind denkbar?
- Welche Konsequenzen hat jede Lösung für alle Beteiligten? Ist sie im gegebenen Umfeld umsetzbar?

In dieser Phase geht es darum, möglichst breit nach einer Lösung zu suchen und sich nicht vorschnell auf eine zu fixieren. Sie haben die Chance, etwas ganz Neues zu ersinnen, können kreativ sein und kommen vielleicht auf eine Option, die vorher keinem von Ihnen eingefallen wäre.

Sammeln Sie Lösungsideen, die den Interessen der beiden Seiten entsprechen, und diskutieren Sie anschließend deren Auswirkungen auf Ihre Arbeit, Ihre Beziehung und das Umfeld, in dem Sie arbeiten. So kristallisiert sich die Option heraus, mit der sich alle arrangieren können.

Die Lösung eines Konflikts[15], der alle Beteiligten aus ganzem Herzen zustimmen können, ist natürlich die schönste Art, einen Konflikt zu beenden. In der Praxis ist sie nicht die realistischste. Oft stimmt man mehr aus rationaler Einsicht und mit innerer Skepsis einer Konfliktbeilegung zu. Das muss nicht unbedingt schlecht sein.

Möglichkeiten der konstruktiven Konfliktbeilegung

Bewährt sich die Vereinbarung, so kann das der Grundstein für weitere Abmachungen und wachsendes Vertrauen zwischen den Parteien sein. Folgende Möglichkeiten, einen Konflikt beizulegen, gibt es:

1. *Lösung*: Es wird völlige Übereinstimmung erreicht, die Differenzen sind restlos ausgeräumt. Die Beziehung ist geklärt, Zusammenarbeit ohne innere Vorbehalte ist möglich, man schätzt sich gegenseitig mehr als vorher.
   Beispiel: Zwei Sekretärinnen stimmen zu, dass sie die Sitzungsprotokolle im Wechsel schreiben; alle sind einverstanden, einen monatlichen Beitrag für die Kaffeekasse zu leisten.

2. *Kompromiss*: Die Konfliktparteien einigen sich auf Ziele oder Vorgehensweisen. Keiner hat seine Forderungen oder Wünsche durchsetzen können, alle mussten teilweise nachgeben. Die Beziehung steht unter Vorbehalt, aber man respektiert sich gegen-

seitig und ist gewillt, den anderen so zu akzeptieren, wie er nun einmal ist.

Beispiel: Die Raucher erhalten ein Raucherzimmer und verzichten darauf, in der Küche zu qualmen; die Heizung wird auf Mittelstufe gestellt.

3. »*Burgfriede*«: Man kommt überein, keinen Kompromiss für das strittige Thema zu finden, ist aber gewillt, den Streit nicht auf andere Bereiche auszudehnen. Die Gegensätze sind klar und man trifft Vereinbarungen, wie damit am besten umzugehen ist. Die Beziehung ist kühl, aber man ist bemüht, den anderen zu respektieren.

Beispiel: Kollegen werden in getrennten Zimmern untergebracht, arbeiten aber weiter zusammen; klare Aufgabenverteilungen oder Zeitpläne, die eventuell von Dritten erarbeitet wurden, regeln die Zusammenarbeit; ein »Machtwort« regelt den Konflikt, an das sich alle halten, auch wenn sie ihm nicht zustimmen.

Tipp

Selbstschutz

Wenn die Konfliktbeilegung nicht im persönlichen Gespräch möglich ist, dann unter Umständen mithilfe einer externen Konfliktberatung, eines Schiedsverfahrens oder einer Schlichtung. Geht eine Sache vor Gericht, gibt es die Möglichkeiten der Mediation oder des Täter-Opfer-Ausgleichs.

Natürlich kann es auch sein, dass ein Konflikt einfach nicht beizulegen ist, weil einer oder alle Konfliktbeteiligten an ihm festhalten. Dann geht es nur noch um Ihren Selbstschutz: Sie müssen für sich sorgen, um nicht beruflichen, psychischen oder gesundheitlichen Schaden zu nehmen. Wie das aussieht, ist situationsabhängig: vom bewussten Überhören und Ignorieren von Angriffen bis zur Versetzung oder Kündigung des Jobs im Extremfall. Ein Job ist mit Sicherheit eher ersetzbar als Ihre Gesundheit. Einseitiger Rückzug ist die Ultima Ratio, aber besser als dauerhafter seelischer oder körperlicher Schaden.

Wenn Sie das Gefühl haben, dass es um Ihren Selbstschutz geht, dann reden Sie unbedingt mit Menschen, denen Sie vertrauen und die sachliche Kompetenz im Umgang mit Konflikten haben, also mit Freundinnen/Freunden, Ihrer Familie oder einem professionellen Coach. Auch der Betriebsrat, eine auf Arbeitsrecht spezialisierte Anwältin oder entsprechende Selbsthilfegruppen können hier sinnvolle Anlaufadressen sein. Wenn es ein Rückzug sein soll, dann ein geordneter, in dem Sie nicht auf Ihnen gesetzlich zustehende Rechte verzichten.

W-Questions – W-Fragen und **Umsetzung**

Schließlich müssen ganz konkrete Vereinbarungen getroffen werden, mit denen die gewählte Option umzusetzen ist. Das ist auch noch einmal ein Test, ob die Lösung realistisch ist und alle Beteiligten bereit sind, ihren Teil dazu beizutragen. Zu klären sind die »W-Fragen«: Wer macht was bis wann?

- Konkrete Beschreibung der Aktionen
- Klare Zuständigkeiten
- Zeitpunkt, bis wann etwas zu erledigen ist
- Termine für Zwischenbilanzen, um Ergebnisse zu überprüfen
- Abmachung, wie bei auftauchenden Hindernissen zu verfahren ist
- Vereinbarungen über Feedback oder Metagespräche

Kapitel 5

Grenzen
von
Konfliktgesprächen

Nicht jeder Konflikt ist durch Gespräche zwischen den Beteiligten zu lösen. Konflikte können Dimensionen annehmen, die vom Einzelnen ohne professionelle Schulung in Konfliktmanagement nicht mehr durchschaubar und regelbar sind. Damit Sie sich nicht an Konflikten »abarbeiten«, die besser und wahrscheinlicher mit professioneller Hilfe von außen gelöst werden können, weise ich Sie in diesem Kapitel darauf hin, wo die Grenzen von Konfliktgesprächen liegen und bei welchen Konflikten Sie sich besser nach Unterstützung von außen umsehen.

KLEINE KONFLIKTSYSTEMATIK

Je nachdem, wie lange sich der Konflikt bereits hinzieht und mit welcher Intensität er von den Konfliktbeteiligten ausgetragen wird, kann man verschiedene Stufen der Eskalation unterscheiden[16]:

1. *Bewusste Gegensätze*: Den Beteiligten ist klar, dass es Differenzen gibt, die sowohl rein sachlich, als auch Störungen in der Beziehung sein können. Sie ignorieren oder verdrängen sie und sprechen sie nicht an: aus Angst vor den Konsequenzen, aus Bequemlichkeit oder in der Hoffnung, dass sie von selbst verschwinden.
   Daran erkennen Sie, dass Sie sich in Stufe 1 befinden:

   - Sie oder andere passen sich an, auch wenn Sie anderer Ansicht sind.
   - Sie unterdrücken Gefühle wie Wut, Traurigkeit, Enttäuschung.
   - Sie reden mit anderen über die Differenzen, nicht mit den Betroffenen.

2. *Ausgesprochene Gegensätze*: Sachliche Differenzen werden kontrovers diskutiert. Kommt es zu keiner Einigung, so wird die Beziehungsebene beeinträchtigt, man betrachtet sich mit Skepsis und Vorbehalten. Je länger die Phase dauert, desto extremere Positionen werden eingenommen. Man versucht, die Argumente der Gegenseite zu schwächen und abzuwerten. Noch sind aber alle an einer Lösung interessiert, in anderen Bereichen kann die Zusammenarbeit gut laufen.

Dauert die Phase 1, in der die Gegensätze zwar bewusst sind, aber nicht angesprochen werden, sehr lange, dann ist die Phase 2 wahrscheinlich eher kürzer: Es haben sich so viele Emotionen und negative Erfahrungen angesammelt, dass der Konflikt rasch eskaliert und die Beteiligten an einer Einigung zunächst gar nicht mehr interessiert sind.

Daran erkennen Sie, dass Sie sich in Stufe 2 befinden:

- Meinungsdifferenzen treten deutlich zutage, differenzierte Ausführungen überwiegen, es werden aber keine Ergebnisse erzielt. Oft stehen Detailfragen im Vordergrund.
- Je länger geredet wird, desto mehr dreht sich das Gespräch im Kreis. Die Positionen werden wiederholt und zugespitzt formuliert. Der Ablauf der Diskussion wird formalisierter. Unter Umständen werden Redezeiten und Gesprächsmoderation eingeführt, um Vielredner zu beschränken.
- Die Atmosphäre während der Diskussion wird immer angespannter, Widerwillen, verhaltener Ärger und Ablehnung werden deutlich.
- Der Tonfall verschärft sich, für Entgleisungen entschuldigt man sich aber.
- Meinungsführer treten hervor, die stärker polarisieren; moderate Redner melden sich seltener zu Wort; andere schweigen (resigniert) oder boykottieren die Gesprächsrunden.
- Man entwickelt innere Vorbehalte und macht sich Gedanken über die »eigentlichen« Absichten der Gegenseite, äußert diese aber nicht.

3. *Überlagerung*: Man akzeptiert die Argumente der anderen Seite nicht mehr, unterstellt Unaufrichtigkeit und Eigennutz. Die Sachfrage wird von der Beziehungsfrage überlagert, heftige Emotionen kommen ins Spiel. Die Beziehungen zueinander sind stark beeinträchtigt, man sieht sich nur noch im Lichte des Konflikts, Abwertungen der Personen sind an der Tagesordnung.

Daran erkennen Sie, dass Sie sich in Stufe 3 befinden:

- Die Emotionen bestimmen die Art der Auseinandersetzung, sachliche Diskussion wird selten oder unmöglich. Man macht sich gegenseitig heftige Vorwürfe und nimmt persönliche Verletzungen der Gegenseite in Kauf.

● Jeder fühlt sich als Opfer, das eigentlich im Recht ist. Die eigenen Anteile am Konflikt werden ausgeblendet. Jeder sieht seine Vorurteile bestätigt.

● Der Konflikt beeinträchtigt auch andere Bereiche der Zusammenarbeit.

● Es werden Koalitionen gebildet, der »Fraktionszwang« verpflichtet die Beteiligten, sich der Entscheidung ihrer Gruppen anzuschließen.

● Oft wird das Thema auf der moralischen Ebene weiter diskutiert, die Frage der »Gerechtigkeit« spielt eine große Rolle.

4. *Eskalation*: Die Auseinandersetzung besteht nur noch aus Angriffen und Beleidigungen. Ein sachlicher oder höflicher Umgang ist nicht mehr möglich. Die Kommunikation wird zwischenzeitlich ganz abgebrochen. Jeder sieht nur noch, was in seine Vorurteile über den anderen passt. Sachliche Diskussionen sind fast gar nicht mehr möglich, da die heftigen Emotionen das Geschehen dominieren. Die eigenen Anteile am Konflikt werden ausgeblendet, jede Seite sieht sich als Opfer. Der extremste Eskalationsgrad ist erreicht, wenn die eigene Vernichtung (zum Beispiel Jobverlust, aber auch Haft, Selbstmord) in Kauf genommen wird, nur um den Gegner in den Abgrund zu stürzen.

Daran erkennen Sie, dass Sie sich in Stufe 4 befinden:

● Beide Seiten unterstellen sich vernichtende Absichten und nehmen nur noch das wahr, was diese Unterstellungen belegt.

● Man versucht, Tatsachen zu schaffen, die dem Gegner schaden: zum Beispiel geändertes Passwort, so dass der andere keinen Zugriff mehr auf gemeinsame Dateien hat, oder der Schreibtisch befindet sich am nächsten Morgen in einem anderen Büro.

● Eine Zusammenarbeit ist nicht mehr möglich. Es findet kein Austausch über andere Themen mehr statt.

● Die Beziehung wird nicht als »pflegewürdig« erachtet. Die Kommunikation wird auf das Notwendigste beschränkt. Der Tonfall ist barsch, unfreundlich, provozierend, abwertend.

● Es gibt nur noch das Sieger/Verlierer-Schema. Alles, was dem Gegner schadet, ist willkommen.

Wie schon früher erwähnt: Je eher Sie den Konflikt angehen, desto schneller legen Sie ihn bei und verhindern seine Ausweitung. Am besten fangen Sie bereits auf der ersten Stufe an, auch wenn er noch gar nicht so »schlimm« erscheint. Hier kann er noch am sachlichsten diskutiert werden und die Chance, dadurch auch die Beziehung zu stärken, ist am größten. Spätestens auf der zweiten Stufe müssen Sie den Konflikt besprechen, wenn Sie ihn noch ohne Hilfe von außen in den Griff kriegen wollen.

Ab der dritten Stufe ist ein Konflikt nicht mehr von den Betroffenen alleine zu lösen. Dafür sind zu viele Emotionen im Spiel und die Beziehung zwischen den Kontrahenten ist nicht mehr tragfähig genug. In dieser Stufe ist eine Moderation von außen ratsam, um zu verhindern, dass der Konflikt weiter eskaliert.

Ist ein Konflikt erst einmal auf der vierten Stufe angelangt, ist eine räumliche Trennung der Parteien angesagt, ehe ein professioneller Konfliktberater mit viel Zeit und Aufwand den Konflikt mit den Parteien bearbeiten kann. Möglicherweise ziehen hier die Parteien auch den eigenen Untergang vor, nur um den Gegner zu vernichten.

Tipp

Folgekonflikte

Ab der Phase der Überlagerung tritt erfahrungsgemäß das Phänomen auf, dass aus einem Konflikt neue Konflikte entstehen: Man fühlt sich von Bemerkungen verletzt (»Wir reden erst weiter, wenn du das zurücknimmst!«) oder streitet darüber, was jemand irgendwann einmal geäußert hat (»Vor drei Tagen hast du gesagt, dass ...« »Das habe ich so nie gesagt. Ich habe gesagt, dass ...«). Es geht nicht mehr um die eigentliche Sache, sondern um Detailfragen des Umgangs und die Art und Weise, wie der Konflikt ausgetragen wird. Der Konflikt erzeugt damit immer neue Folgekonflikte, die immer schwerer lösbar werden. Dieser Prozess kann meist nur mit einer Moderation von außen beendet werden.

Wahrscheinlich empfinden Sie Konflikte, in denen Wut abgelassen und Frust geäußert wird oder Tränen fließen, als belastend und anstrengend. In so genannten »heißen« Konflikten kommen die Emotionen zum Ausbruch, die vielleicht schon lange im Inneren schwelen. So unangenehm solche Situationen sind – sie sind die Voraussetzung dafür, dass ein Konflikt bereinigt werden kann. Erst wenn man seine Gefühle geäußert hat und sie anerkannt sieht, kann man sie loslassen und ist für sachliche Einigungen und eine Erneuerung der Beziehung wieder offen.

»Heiße« und »kalte« Konflikte

Insofern sind heiße Konflikte noch kein Grund, sich eine Moderation von außen zu holen. Es hängt davon ab, wie viel Sie »aushalten« und wie gut Sie Ihre Grenzen ziehen können, um sich vor Verletzungen zu schützen. Auch mit einem Moderator wird es heiß hergehen, allerdings kann er die Emotionen kanalisieren und dafür sorgen, dass keine Folgekonflikte daraus entstehen.

»Kalte« Konflikte dagegen sind in der Regel schwer im Alleingang zu bewältigen. Sie zeichnen sich dadurch aus, dass der Konflikt unter der Oberfläche schwelt: Man redet nicht darüber, aber der Konflikt steht ständig unsichtbar im Raum:

● Zwei Kolleginnen begegnen sich mit eisiger Höflichkeit, wahren alle Formen, aber achten auch kleinlich auf die Einhaltung aller formalen Regelungen.

● Die Mitarbeiterin hört sich mit steinernem Gesicht die Anweisungen ihrer Chefin an, führt sie korrekt aus, zeigt aber nie ein Lächeln oder gar eigene Initiative.

Man versucht, so zu tun, als sei alles ganz normal, tatsächlich ist die Atmosphäre aber belastet und vergiftet. Das kann Jahre so gehen. Je länger ein derartiger Zustand dauert, desto schwieriger ist es, diesen Konflikt zu bereinigen. Oft haben die Beteiligten selbst vergessen, was eigentlich der Anlass war: Sie wissen nur noch, dass sie sich nicht ausstehen können.

Einen kalten Konflikt anzusprechen ist schwierig, weil der andere ja nur abzuwehren braucht: »Wieso, es ist doch nichts. Es ist doch alles ganz normal.« Auf die Atmosphäre angesprochen, kann er ausweichen: »Wir müssen hier ja nicht alle befreundet sein, oder? Hauptsache, die Arbeit funktioniert.« Es ist schwer, an den eigentlichen Konflikt heranzukommen, weil die Beteiligten sich ihren Gefühlen nicht stellen wollen und es gewohnt sind zu mauern.

Einen kalten Konflikt kann man nur verändern, indem man ihn in einen heißen Konflikt umwandelt: indem also die Beteiligten endlich die Schleusen öffnen und ihre Gefühle offenbaren. Das kann dann sehr heftig sein – schon deshalb ist eine Moderation von außen empfehlenswert. Sie aber erst einmal dahin zu bringen, ist oft die größte Arbeit für einen professionellen Konfliktmanager.

PROFESSIONELLE KONFLIKTBERATUNG

Die beste Konfliktberatung nützt nichts, wenn die Beteiligten nicht bereit sind, miteinander zu sprechen. Aber meist verbirgt sich selbst hinter dem zähesten Widerstand ein zartes Seelchen, das sich eigentlich nach Ruhe und Ausgleich sehnt – wenn man nur die eigenen Ängste, Kränkungen, Verletzungen, Forderungen überwinden könnte. Trotzdem: Fehlt der Wille und die Bereitschaft zur Konfliktbeilegung, ist letztlich nichts zu machen.

Was **zeichnet** einen Konfliktmoderator **aus?**

Wenn Sie nach einem Konfliktmoderator suchen, dann können Ihnen folgende Kriterien bei der Suche nach der geeigneten Frau/dem geeigneten Mann helfen:

● *Erfahrung im Konfliktmanagement*: Dazu gehören eine oder mehrere solide Trainerausbildungen, keine in kurzen Wochenendkursen erworbenen Möchte-gern-Qualifikationen. Im Idealfall kann der Konfliktmoderator Methoden verschiedener Richtungen kombinieren. Wichtig ist natürlich auch Erfahrung im Konfliktmanagement. Wer andere berät, coacht und entwickelt, sollte sich und seine Arbeit außerdem in regelmäßiger Supervision professionell in Frage stellen.

● *Keine Angst vor Konflikten*: Ziel ist nicht, dass der Konfliktmoderator hilft, den Konflikt zu vermeiden, also möglichst schnell die Wogen wieder glättet. Bei der Konfliktmoderation kann es heiß hergehen, vor allem wenn die Gefühle lange unter Verschluss gehalten wurden. Davor darf der Moderator keine Angst haben. Fragen nach Ablauf der Konfliktmoderation können Ihnen über die Ziele und Vorgehensweise Aufschluss geben.

● *Neutraler Vermittler*: Der Konfliktmoderator darf sich mit keiner Partei verbünden (auch mit Ihnen nicht!), sondern sollte seine Rolle als neutraler, distanzierter Beobachter und Vermittler wahrnehmen. Er sollte die Konflikte auch nicht »bewerten«, sondern sie so nehmen, wie sie sind, und mit Ihnen Lösungen erarbeiten.

● *Vermittler, nicht Retter*: Der Konfliktmanager darf nicht als »Retter« auftreten, der Ihnen Lösungen präsentiert, die Sie dann »nur« noch umzusetzen brauchen. Er hilft Ihnen, eigene Wege zur Beilegung des Konflikts zu finden, die realistische Chancen auf Umsetzung haben. Seine Unterstützung sollte außerdem modellbildend sein, das heißt, Sie lernen durch die Beratung, wie Sie in Zukunft mit Konflikten besser umgehen können – möglichst ohne Moderation von außen.

Diese Fragen können Sie in einem Vorgespräch klären. Am wichtigsten ist jedoch: Sie haben Vertrauen in die Fähigkeiten und Persönlichkeit des Konfliktmanagers.

Wer **sucht** den Konfliktmanager **aus**?

Die einfachste Methode der Gegenseite, eine Konfliktmoderation zu torpedieren, ist der Vorwurf der Voreingenommenheit: »Den hast du ausgesucht, der ist auf deiner Seite« so lautet das Vorurteil ohne Ansehen der Person. Ein Konfliktmoderator braucht aber das Vertrauen von beiden Seiten, um in seiner Rolle wirkungsvoll zu sein. Deshalb gilt:

- Jede Seite (bei gleichberechtigten Partnern) bringt Vorschläge und man versucht, sich auf eine Person zu einigen.
- Die Führungskraft muss der Konfliktmoderation zustimmen, die Person aussuchen und für die Bezahlung sorgen.
- Keine Seite darf Vorgespräche mit dem Moderator führen, in denen es bereits um den Inhalt des Konflikts geht.
- Das Thema Neutralität und Voreingenommenheit muss beim ersten gemeinsamen Gespräch mit allen Beteiligten thematisiert werden.

Anmerkungen

1 Nach Friedrich Glasl: Selbsthilfe in Konflikten. Konzepte, Übungen, praktische Methoden, Seite 10.
2 Ich werde Sie auf entsprechende Konzepte hinweisen. Bei Interesse können Sie die Theorie im empfehlenswerten Einführungswerk Steward/Joines: »Die Transaktionsanalyse« auf den angegebenen Seiten ausführlicher nachlesen.
3 Siehe Steward/Joines: Die Transaktionsanalyse, Seite 262ff.
4 Nach Reiner Czichos: Change-Management. Konzepte, Prozesse, Werkzeuge für Manager, Verkäufer, Berater und Trainer, Seite 550.
5 »Arten der Passivität« ist ein Konzept der Transaktionsanalyse. Siehe Steward/ Joines, Seite 251ff.
6 Das Konzept des Mentoring habe ich ausführlich in meinem Buch »Mentoring. Persönliche Karriereförderung als Erfolgskonzept« dargestellt.
7 Unterstützung bei der Auswahl eines geeigneten Coach gibt Ihnen das Buch von Britt Wrede: *So finden Sie den richtigen Coach.*
8 Das Konzept der »strokes« stammt aus der Transaktionsanalyse, siehe Steward/Joines, Seite 116ff.
9 Bezugsrahmen ist ein Konzept aus der Transaktionsanalyse, siehe Steward/Joines, Seite 272ff.
10 Die im Folgenden skizzierte Methode beruht auf den Ideen des Harvard-Konzepts zum sachgerechten Verhandeln. Empfehlenswerte Literatur ist dazu: Fisher/Ury/Patton: Das Harvard-Konzept 1998.
11 Das Drama-Dreieck ist ein Konzept der Transaktionsanalyse, entwickelt von Stephen Karpman (siehe Steward/Joines, Seite 338ff).
12 Nach Nelly Micholt.
13 Übertragung ist ein Konzept der Transaktionsanalyse, siehe Steward/Joines, Seite 170f.
14 Siehe Rainer Niermeyer: Coaching, Seite 63ff.
15 Nach Gellert/Nowak: Teamarbeit, Seite 330.
16 Teilweise verändert nach Claus Nowak

Literatur

Bach, George R., Wyden, Peter: *Streiten verbindet*. Frankfurt am Main 1998

Berne, Eric: *Spiele der Erwachsenen*. Reinbek bei Hamburg 2002

Czichos, Reiner: *Change-Management. Konzepte, Prozesse, Werkzeuge für Manager, Verkäufer, Berater und Trainer*. München, Basel, 3. Auflage 1997

Dehner, Ulrich: *Die alltäglichen Spielchen im Büro. Wie Sie Zeit- und Nervenfresser erkennen und wirksam dagegen vorgehen können*. Frankfurt, New York 2001

Fisher, Roger, Ury, William, Patton, Bruce: *Das Harvard-Konzept. Sachgerecht verhandeln, erfolgreich verhandeln*. Frankfurt, New York, 17. Auflage 1998

Glasl, Friedrich: *Selbsthilfe in Konflikten. Konzepte, Übungen, praktische Methoden*. Stuttgart, 2. Auflage 2000

Gellert, Manfred, Nowak, Claus: *Teamarbeit – Teamentwicklung – Teamberatung. Ein Praxisbuch für die Arbeit in und mit Teams*. Meezen 2002

Gührs, Manfred und Nowak, Claus: *Das konstruktive Gespräch. Ein Leitfaden für Beratung, Unterricht und Mitarbeiterführung mit Konzepten der Transaktionsanalyse*. Meezen, 4. Auflage 1998

Haasen, Nele: *Mentoring. Persönliche Karriereförderung als Erfolgskonzept*. München 2001

Höher, Peter und Friederike: *Konfliktmanagement. Konflikte kompetent erkennen und lösen*. Freiburg, Berlin, München 2000

Niermeyer, Rainer: *Coaching. Sich und andere zum Erfolg führen*. München, 2. Auflage 2001

Steward, Ian, Joines, Vann: *Die Transaktionsanalyse. Eine neue Einführung in die TA*. Freiburg, Basel, Wien, 4. Auflage 1990

Stone, Douglas, Patton, Bruce, Heen Sheila: *Offen gesagt! Erfolgreich schwierige Gespräche meistern. Das Harvard-Gesprächsprojekt*. München 2000

Thomann, Christoph: *Klärungshilfe: Konflikte im Beruf. Methoden und Modelle klärender Gespräche bei gestörter Zusammenarbeit*. Reinbek bei Hamburg, 3. Auflage 2002

Wrede, Britt: *So finden Sie den richtigen Coach*. Frankfurt 2001

Netzwerke,
die Sie interessieren
könnten

BFBM – Bundesverband der Frauen im freien Beruf und Management
www.bfbm.de
Ziel: Kontakte, Weiterbildung, Gleichberechtigung

BPW – Business und Professional Women
www.bpw-germany.de
www.bpw-europe.org
www.youngbpw-europe.org
Ziel: Kooperation, Förderung, Kontaktpflege und Verständigung

Connecta – Das Frauennetzwerk e.V.
www.frauennetzwerk-connecta.de
Ziel: Berufliche und persönliche Förderung, Hilfe bei der Karriereplanung, Wei-
    terbildung

DAB – Deutscher Akademikerinnenbund e.V.
www.dab-ev.org
Ziel: Förderung von Frauen, Gleichberechtigung in gesellschaftlichen und be-
    ruflichen Gremien

Deutsches Gründerinnen Forum e.V.
www.dgfev.de
Ziel: Verbesserung von Ausbildung, Beratung und Finanzierung bei Existenz-
    gründungen von Frauen

EAF – Europäische Akademie für Frauen in Politik und Wirtschaft e.V.
www.eaf-berlin.de
Ziel: Förderung von internationalen Kontakten, Austausch, Gleichberechtigung
und Nachwuchs

EWMD – European Women's Management Development Deutschland e.V.
www.ewmd.org
Ziel: Vernetzung und Weiterentwicklung von Frauen in Führungspositionen in
Deutschland und Europa

FIM – Vereinigung für Frauen im Management e.V.
www.fim.de
Ziel: Kontaktpflege, Gleichstellung, Akzeptanz von Frauen im Beruf

FiT – Frauen in der Technik e.V.
www.fitev.de
Ziel: Projekte zur Förderung der Frauen in Naturwissenschaft und Technik

Infinitas GmbH
www.infinitas.de
Ziel: Vernetzung von Frauen in der IT-Branche

NUT – Frauen in Naturwissenschaft und Technik e.V.
www.nut.de
Ziel: Förderung und Unterstützung von Frauen in Naturwissenschaft und Technik; Info-Austausch

SI – Soroptimist International
www.soroptimist.de
Ziel: Verbesserung ethischer Werte, Förderung der internationalen Verständigung

VDU – Verband deutscher Unternehmerinnen e.V.
www.vdu.de
Ziel: Erfahrungsaustausch, politischer Einfluss

Webgrrls
www.webgrrls.de
Ziel: Vernetzung von Frauen in den neuen Medien